JOSÉ LUIZ DOS SANTOS   PAULO SCHMIDT

CONTABILIDADE SOCIETÁRIA

RESERVAS, RETENÇÕES DE LUCROS E DIVIDENDOS

Porto Alegre, 2020

READER

S237c Santos, José Luiz dos
       Contabilidade societária: reservas, retenções de lucros e
dividendos / José Luiz dos Santos e Paulo Schmidt. – Porto
Alegre: Reader, 2020.
       102 p.

       ISBN: 9786586780208 (impresso)
       ISBN: 9786586780123 (digital)

       1. Contabilidade societária. 2. Reservas. 3. Retenção de
lucros. 4. Dividendos. I. Schmidt, Paulo.

                                                   CDU 657:347.725

Catalogação na fonte: Bibliotecária Josiane Fonseca da Cunha - CRB 10/1674

SUMÁRIO

1 RESERVAS E RETENÇÃO DE LUCROS

1.1 Aspectos Gerais

As reservas de lucros são tratadas na lei nº 6.404/76 no Capítulo XVI, seção II, onde são conceituadas, apresentadas as suas principais características, forma de constituição, reversão e utilização.

As reservas de lucros são retenções de lucros que possuem uma finalidade específica e se dividem em: reserva legal; reserva estatutária, reserva de lucros a realizar; reserva para contingências, reserva de incentivos fiscais, reserva de prêmio na emissão de debêntures e reserva especial de dividendo obrigatório.

1.2 Reserva Legal

O art. 193 da Lei nº 6.404/76 estabelece:

> O lucro líquido do exercício, 5% (cinco por cento) serão aplicados, antes de qualquer outra destinação, na constituição da reserva legal, que não excederá de 20% (vinte por cento) do capital social.
>
> § 1º A companhia poderá deixar de constituir a reserva legal no exercício em que o saldo dessa reserva, acrescido do montante das reservas de capital de que trata o § 1º do art. 182, exceder de 30% (trinta por cento) do capital social.
>
> § 2º A reserva legal tem por fim assegurar a integridade do capital social e somente poderá ser utilizada para compensar prejuízos ou aumentar o capital.

De acordo com o art. 193 da Lei nº 6.404/76, do lucro líquido do exercício, 5% serão aplicados, *antes de qualquer outra destinação*, o que implica dizer que a reserva legal será obrigatoriamente a primeira destinação do lucro líquido do exercício, na constituição da reserva legal, que não excederá 20% do capital social.

Além disso, nos termos do § 1º do art. 193 da Lei nº 6.404/76, a companhia *poderá* deixar de constituir a reserva legal, quando seu saldo mais o saldo das reservas de capital, exceto correção monetária capital, exceder 30% do capital social. Os limites de 20% e 30% do capital social referido na Lei das Sociedades por Ações dizem respeito ao capital social realizado.

A reserva legal, nos termos do § 2º do art. 193 da Lei nº 6.404/76, tem por fim assegurar a integridade do capital social e somente poderá ser utilizada para compensar prejuízos ou aumentar o capital. A Figura 1.1 apresenta um exemplo de cálculo e registro contábil da constituição da reserva legal, quando seu valor não excede o limite de 20% do capital social.

Capital social	$ 750
Saldo inicial da reserva legal............	$ 0
Lucro líquido do exercício.................	$ 1.100
(-) Prejuízos acumulados	$ (200)
(=) Lucro líquido (art. 191)	$ 900

Reserva Legal = 900 x 5% = 45

Registro Contábil da constituição da reserva legal

Lucros Acumulados		Reserva Legal	
45			45

Figura 1.1 Registro contábil da reserva legal que não excede a 20% do capital social

A Figura 1.2 apresenta um exemplo de cálculo e registro contábil da constituição da reserva legal, quando o seu valor excede o limite de 20% do capital social.

Capital social .... $ 900
Saldo inicial da reserva legal......... $ 150

Lucro Líquido do Exercício.......... $ 1.100
(-) Prejuízos Acumulados .... $ (200)
(=) Lucro líquido (art. 191) .... $ 900

Reserva Legal =   900 x 5% = 45

Registro Contábil:

Capital social =   900
x 20%   (limite) =   180

Constituição da Reserva legal
180 - 150 = 30

Lucros Acumulados	Reserva Legal
30	150 **(si)**
	30
	180

Figura 1.2 Registro contábil da reserva legal que excede a 20% do capital social

Importante ressaltar que nesse exemplo não foi possível constituir a totalidade da reserva legal no exercício, que seria de $ 45, pois ela deve limitar-se a 20% do capital social, ou seja, $ 180; consequentemente, registra-se somente a diferença.

A Figura 1.3 apresenta um exemplo de cálculo e registro contábil da constituição da reserva legal, quando o seu valor mais o das reservas de capital excede o limite de 30% do capital social.

```
Capital social ...........................  $    900
Reservas de Capital....................  $    150
Saldo inicial da reserva legal........  $     75

Lucro Líquido do Exercício...........  $ 1.200
(-) Prejuízos Acumulados .............  $  (200)
(=) Lucro líquido (art. 191) ...........  $ 1.000
```

Reserva Legal =   1.000 x 5% = 50

Registro Contábil:

Lucros Acumulados	Reserva Legal
45	75 (si)
	45
	120

Capital social =   900
x 30%   (limite) =   270

Constituição da Reserva legal
270 − (150+75) = 45

Figura 1.3 Registro contábil da reserva legal que excede a 30% do capital social

Nesse caso, não foi possível constituir a totalidade da reserva legal no exercício, que seria de $ 50, pois o seu saldo somado ao saldo das reservas de capital deve limitar-se a 30% do capital social, ou seja, $ 270; consequentemente, registra-se somente a diferença.

1.3   Reserva Estatutária

O art. 194 da Lei nº 6.404/76 estabelece:

> O estatuto poderá criar reservas desde que, para cada uma: I - indique, de modo preciso e completo, a sua finalidade; II - fixe os critérios para determinar a parcela anual dos lucros líquidos que serão destinados à sua constituição; e III - estabeleça o limite máximo da reserva.

As reservas estatutárias são as retenções de lucros previstas no estatuto da companhia. Segundo o art. 194 da Lei nº 6.404/76, a companhia poderá criar reservas desde que, em seu estatuto, estabeleça para cada uma:

- a sua finalidade, de modo preciso e completo e naturalmente, que não esteja incluída na finalidade de outras reservas;
- os critérios para determinar a parcela anual dos lucros líquidos que serão destinados à sua constituição, isto é, base de cálculo e alíquota; e
- o limite máximo de constituição da reserva.

Exemplos típicos de reservas estatutárias com base em disposições da Lei nº 6.404/76 são as reservas para resgates de partes beneficiárias (art. 48), para amortização de debêntures (art. 55) e para resgate ou amortização de ações (art. 44) e para o prêmio na emissão de debêntures nos termos do art. 410 do RIR/18.

Contudo, outras reservas estatutárias podem ser criadas, ainda que não tenham por finalidade um ato previsto em lei, desde que satisfaçam às condições estabelecidas no art. 194 da Lei nº 6.404/76 e que naturalmente não tenham finalidade idêntica às das demais reservas de lucros.

Outro aspecto importante que deve ser ressaltado é que o valor do dividendo obrigatório será determinado antes da constituição da reserva estatutária, pois é expressamente vedada sua constituição em prejuízo do dividendo obrigatório, conforme determina o art. 198 da Lei nº 6.404/76.

A Figura 1.4 apresenta um exemplo de constituição de reserva estatutária, no qual o *estatuto social da empresa* definiu a criação de reserva estatutária, com base no lucro líquido do exercício a uma alíquota de 10%, abatendo-se de sua base de cálculo a reserva legal.

```
Lucro Líquido do Exercício..........   $ 1.100
(-) Prejuízos Acumulados ...........   $  (200)
(=) Lucro líquido (art. 191) ..........  $   900
(-) Reserva legal......................   $   ( 40)
(=) Reserva estatutária ...............  860  x 10% = 86
```

Exemplo de Registro Contábil da Constituição de Reserva Estatutária:

Lucros Acumulados		Reserva Estatutária	
86			86

Figura 1.4 Cálculo e registro da reserva estatutária

É importante destacar que a base de cálculo da reserva estatutária é definida pelo estatuto da companhia, isto é, poderia ser utilizada outra que não a apresentada anteriormente.

1.4 Reserva para Contingências

O art. 195 da Lei nº 6.404/76 estabelece:

> A assembleia geral poderá, por proposta dos órgãos da administração, destinar parte do lucro líquido à formação de reserva com a finalidade de compensar, em exercício futuro, a diminuição do lucro decorrente de perda julgada provável, cujo valor possa ser estimado.

Segundo o art. 195 da Lei nº 6.404/76, a assembleia geral tem a faculdade, desde que proposta pelos órgãos da administração, de destinar parte do lucro à constituição de reserva para contingências com o objetivo de compensar, em exercício futuro, a diminuição de lucro decorrente de perda julgada provável, cujo valor possa ser estimado.

O objetivo dessa reserva é segregar uma parcela de lucros, principalmente evitando a distribuição de dividendos, correspondente a prováveis perdas futuras, que acarretarão em diminuição dos lucros em exercícios futuros, distribuindo dessa forma um dividendo uniforme.

São exemplos de contingências e perdas futuras as cheias, secas, geadas, granizos e outros fenômenos naturais que podem ocorrer ciclicamente nas áreas onde se localizam estoques ou instalações da empresa, gerando prejuízos por perda efetiva dos bens, ou por paralisação temporária das operações (lucros cessantes).

Pode-se observar graficamente esta situação na Figura 1.5, em que fica evidenciado que a constituição da reserva de contingências visa a uma distribuição uniforme dos dividendos.

	Lucro Líquido do Exercício	Reserva de Contingência		Base de cálculo Dividendo
		Constituição	Reversão	
1º ano	1.300	400		900
2º ano	500		400	900
3º ano	1.300	400		900
4º ano	500		400	900

Figura 1.5 Constituição da reserva de contingências e o seu reflexo nos dividendos

A Figura 1.5 demonstra que a empresa apresenta estatisticamente uma perda em função das cheias de $ 800 a cada dois anos.

Por outro lado, a Figura 1.6 apresenta um exemplo de constituição da reserva de contingências, cuja perda é estimada de acordo com a Figura 1.5 no valor de $ 400.

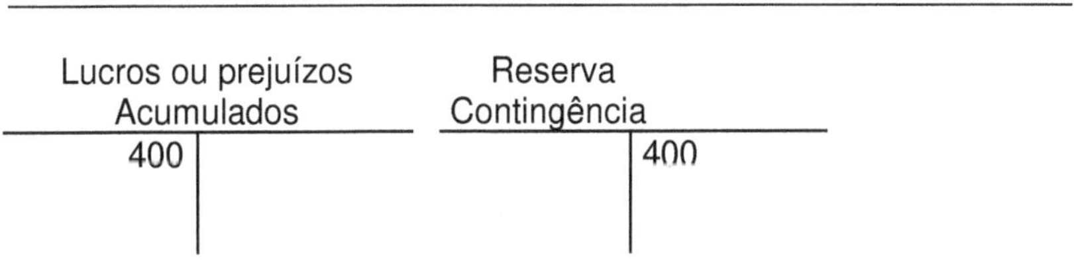

Figura 1.6 Registro contábil da reserva de contingências

1.4.1 Reversão da Reserva de Contingências

O art. 195 da Lei nº 6.404/76 estabelece em seu § 2º: "§ 2º A reserva será revertida no exercício em que deixarem de existir as razões que justificaram a sua constituição ou em que ocorrer a perda."

A reserva para contingências será revertida, nos termos do § 2º do art. 195 da Lei nº 6.404/76, no exercício social em que deixarem de existir as razões que justificaram a sua constituição, ou seja, a perda não ocorreu conforme a previsão inicial, ou em que ocorrer a perda. A perda deve ser registrada no momento em que ocorrer o evento, enquanto a reversão da reserva de contingências será efetuada no final do exercício social, quando da elaboração das demonstrações financeiras. A Figura 1.7 apresenta um exemplo de reversão da reserva para contingências (no exercício em que ocorrer a perda).

①   Pela perda efetiva dos bens $ 420
②   Pela reversão da reserva constituída no exercício anterior.

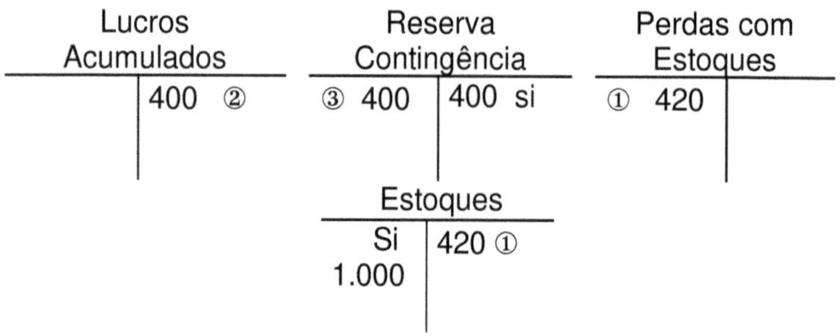

Figura 1.7 Registro contábil da reversão da reserva de contingências

A conta de perdas com estoques é uma conta de resultado que deve ser classificada na demonstração do resultado do exercício no subgrupo "outras despesas operacionais" e contabilizada quando ocorrer a perda, devendo estar consubstanciada em uma nota fiscal emitida pela empresa na data do sinistro.

Além disso, cabe destacar que a reversão da reserva de contingência deve ser efetuada sempre pelo valor constituído, para evitar distorções na distribuição do dividendo obrigatório.

1.4.2 Diferença entre Reserva e Provisão

A reserva de contingências não deve ser confundida com provisão para contingências que é classificada no passivo não circulante, pois a última destina-se a dar cobertura a perdas ou despesas já incorridas, mas ainda não desembolsadas, tais como:
-    provisão para perdas trabalhistas;
-    provisão para ações judiciais em andamento contra a empresa.

1.5 Reserva de Retenção de Lucros

O art. 196 da Lei nº 6.404/76 alterada pela Lei n.º 10.303/01, prescreve:

> A assembleia poderá, por proposta dos órgãos da administração, deliberar reter parcela do lucro do exercício prevista em orçamento de capital por ela previamente aprovado. § 1º O orçamento, submetido pelos órgãos da administração com a justificação da retenção de lucros proposta, deverá compreender todas as fontes de recursos e aplicações de capital, fixo ou circulante, e poderá ter a duração de até 5 (cinco) exercícios, salvo no caso de execução, por prazo maior, de projeto de investimento. § 2º O orçamento poderá ser aprovado na assembleia geral ordinária que deliberar sobre o balanço do exercício e revisado anualmente, quando tiver duração superior a um exercício social.

Para atender a projeto de investimento, segundo o art. 196 da Lei nº 6.404/76, a companhia poderá reter parte dos lucros do exercício para a constituição desta reserva; este valor deve ser proposto e encaminhado para aprovação em assembleia geral.

A lei exige que tal proposta esteja baseada em orçamento de capital aprovado pelos acionistas. Esse orçamento deverá compreender todas as fontes de recursos e onde será aplicado o capital, e ter duração de até cinco exercícios, salvo no caso de execução, por prazo maior, de projeto de investimento. Da mesma forma que a reserva estatutária, a reserva de retenção de lucros só poderá ser constituída após a destinação do dividendo obrigatório, conforme estabelece o art. 198 da Lei nº 6.404/76.

A Lei n.º 10.303/01 alterou o art. 196 da Lei nº 6.404/76 a fim de determinar que os orçamentos de investimentos cujo prazo de execução seja superior ao exercício social sejam revisados anualmente, evitando dessa forma a retenção indevida de valores que deveriam ser distribuídos aos acionistas. A Figura 1.8 apresenta um exemplo de registro contábil da constituição de uma reserva de retenção de lucros no valor de $ 2.100.

Lucros Acumulados		Res. De Retenção de Lucros	
2.100			2.100

Figura 1.8 Registro contábil da constituição da reserva de retenção de lucros

Na prática, essa reserva é muito utilizada para abrigar a parcela de lucros remanescentes, após as destinações de lucros propostas pela assembleia geral, evitando assim o pagamento de dividendos complementares ao mínimo obrigatório, conforme determina o § 6º do art. 202 da Lei nº 6.404/76 com redação dada pela Lei nº 10.303/01. No entanto, a obrigatoriedade de revisão anual dos orçamentos de capital (art. 196 da referida Lei) tem coibido essa prática.

1.6 Reserva de Lucros a Realizar

O art. 197 da Lei nº 6.404/76, alterado pela Lei nº 10.303/01, estabelece:

> No exercício em que o montante do dividendo obrigatório, calculado nos termos do estatuto ou do art. 202, ultrapassar a parcela realizada do lucro líquido do exercício, a assembleia geral poderá, por proposta dos órgãos da administração, destinar o excesso à constituição de reserva de lucros a realizar. §1º Para os efeitos deste artigo, considera-se realizada a parcela do lucro líquido do exercício que exceder da soma dos seguintes valores: I- o resultado líquido positivo da equivalência patrimonial (art. 248); o lucro, ganho ou rendimento em operações cujo prazo de realização ocorra após o término do exercício social seguinte. §2º A reserva de lucros a realizar somente poderá ser utilizada para pagamento do dividendo obrigatório e, para efeito do inciso III do art. 202, serão considerados como integrantes da reserva os lucros a realizar de cada exercício que forem os primeiros a serem realizados em dinheiro.

É constituída para evitar a distribuição de dividendos sobre a parcela de lucros ainda não realizada financeiramente. Contudo, este artigo foi alterado pela Lei n.º 10.303/01, haja vista que de acordo com o texto legal anterior em algumas hipóteses ocorria a distribuição de dividendos sem que a companhia tivesse real condição de efetuar tal pagamento, devido basicamente à base de cálculo incorreta determinada pela Lei n.º nº 6.404/76.

Segundo o art. 197 da Lei nº 6.404/76 alterada pela Lei nº 10.303/01, a Assembleia Geral *poderá destinar* o excesso de dividendo obrigatório sobre o lucro líquido do exercício realizado financeiramente, para constituição da reserva de lucros a realizar, cuja principal finalidade é a de permitir a distribuição do dividendo obrigatório, sem criar problemas financeiros para a companhia, uma vez que a escrituração contábil, conforme determina o § 1º do art. 187 da Lei nº 6.404/76, deve atender ao regime de competência. Segundo o § 1º do art. 197 da Lei nº 6.404/76 alterada pela Lei nº 10.303/01 são lucros a realizar:

- ganhos com equivalência patrimonial;
- lucro nas vendas a longo prazo;
- ganhos com ajustes de ativo ou passivo a valor justo de longo prazo.

1.6.1 Constituição da Reserva de Lucros a Realizar

Na prática, a reserva de lucros a realizar deverá estar segregada na contabilidade, em subcontas distintas de acordo com sua origem, ou seja, ganhos com equivalência patrimonial, ganhos com ajustes a valor justo de ativos ou passivos de longo prazo ou lucro nas vendas a longo prazo, uma vez que sua realização se dará em função de sua origem.

Os ganhos com ajustes de ativo ou passivo a valor justo de longo prazo foram incluídos por meio da alteração da redação do inciso II do § 1º do art. 197 da Lei nº 6.404/76 pela Lei nº 11.638/07.

Para se apurar o valor da constituição da reserva de lucros a realizar deve-se utilizar a fórmula apresentada na Figura 1.9.

(+) Dividendo obrigatório antes da reserva de lucros a realizar
(-) Parcela realizada do lucro líquido do exercício
(=) Reserva de lucros a realizar (valor da constituição da reserva)

Figura 1.9 Base de cálculo da constituição da reserva de lucros a realizar

No entanto, analiticamente, pode-se obter o valor da constituição da reserva de lucros a realizar diretamente por meio da utilização da fórmula apresentada na Figura 1.10.

(+) Lucro líquido do exercício
(-) Ganhos com Equivalência Patrimonial
(-) Lucro nas Vendas a Longo Prazo
(-) Ganhos com ajustes a valor justo de ativos ou passivos de longo prazo
(=) Parcela realizada do lucro líquido do exercício

(+) Lucro líquido do exercício
(-) Prejuízos acumulados
(-) Reserva legal (constituída)
(-) Reserva para contingências (constituída)
(+) Reversão da reserva para contingências
(=) Lucro líquido ajustado antes da reserva de lucros a realizar
(x) 50% (estatuto omisso)
(=) Dividendo obrigatório antes da reserva de lucros a realizar

(+) Dividendo obrigatório antes da reserva de lucros a realizar
(-) Parcela realizada do lucro líquido do exercício
(=) Valor da constituição da reserva de lucros a realizar

Figura 1.10 Base de cálculo analítica da constituição da reserva de lucros a realizar

Quando o valor apurado, utilizando-se a fórmula apresentada na Figura 1.10 for positivo, ele será utilizado para a constituição da reserva de lucros a realizar. Porém, a reserva de lucros a realizar não poderá ser constituída quando o montante do dividendo obrigatório for inferior à parcela realizada do lucro líquido do exercício, conforme exemplos apresentados a seguir.

A Figura 1.11 apresenta um exemplo de constituição da reserva de lucros a realizar, quando o saldo for positivo.

Ganho com equivalência patrimonial	6.000	60,00%
Lucro Venda - LP	4.000	40,00%
(=) Total de Lucros a Realizar	10.000	100,00%
(+) Lucro líquido do exercício	11.000	
(-) Ganhos com Equivalência Patrimonial	(6.000)	
(-) Lucro nas Vendas a Longo Prazo	(4.000)	
(=) Parcela realizada do lucro líquido do exercício	1.000	
(+) Lucro líquido do exercício	11.000	
(-) Reserva legal (constituída)	(625)	
(-) Reserva para contingências (constituída)	(1.875)	
(+) Reversão da Reserva para contingências	3.500	
(=) Lucro líquido ajustado antes da Res. Luc. a realizar	12.000	
Dividendo obrigatório X 50%	6.000	
(+) Dividendo obrigatório	6.000	
(–) Parcela realizada do LLE	(1.000)	
(=) Reserva de Lucros a Realizar	5.000	

Figura 1.11 Cálculo da constituição da reserva de lucros a realizar com saldo positivo

Uma forma de identificar o valor da reserva de lucros a realizar referente a cada espécie de lucros a realizar é o de aplicar uma regra de três, a fim de distribuir proporcionalmente os mesmos; pode-se verificar esta situação, ainda em relação ao exemplo apresentado anteriormente, na Figura.12.

a)   Apuração da parcela referente a ganho com equivalência patrimonial
$ 5.000 x 60% (6.000 ÷ 10.000) = $ 3.000
b)   Apuração da parcela referente a lucro na venda a longo prazo
$ 5.000 x 40% (4.000 ÷ 10.000) = $ 2.000

Figura.12 Cálculo do rateio da reserva de lucros a realizar

A Figura 1.13 apresenta um exemplo de registro contábil da constituição da reserva de lucros a realizar, com base nos cálculos apresentados na Figura.12.

Lucros Acumulados	Res.Luc.Realiz - Venda LP	Res. Luc.Realizar-EP
5.000 |	|2.000	|3.000

Figura 1.13 Registros contábeis da constituição da reserva de lucros a realizar

A Figura 1.14 apresenta um exemplo de constituição da reserva de lucros a realizar, quando o saldo for negativo.

Ganho com equivalência patrimonial	6.000	60,00%
Lucro Venda - LP	4.000	40,00%
(=) Total de Lucros a Realizar	10.000	100,00%
(+) Lucro líquido do exercício		17.800
(-) Ganhos com Equivalência Patrimonial		(6.000)
(-) Lucro nas Vendas a Longo Prazo		(4.000)
(=) Parcela realizada do lucro líquido do exercício		7.800
(+) Lucro líquido do exercício		17.800
(-) prejuízos acumulados		(1.300)
(-) Reserva legal (constituída)		(625)
(-) Reserva para contingências (constituída)		(1.575)
(+) Reversão da Reserva para contingências		(0)
(=) Lucro líquido ajustado antes da Res. Luc. a realizar		14.300
Dividendo obrigatório X 50%		7.150
(+) Dividendo obrigatório		7.150
(–) Parcela realizada do LLE		(7.800)
(=) Reserva de Lucros a Realizar		(650)

Figura 1.14 Cálculo da constituição da reserva de lucros a realizar com saldo negativo

Quando o saldo é negativo, não existe registro contábil porque a lei fala em excesso de dividendo obrigatório sobre a parcela realizada de lucro líquido do exercício e não em insuficiência.

1.6.2 Realização da Reserva de Lucros a Realizar

A realização da reserva de lucros a realizar se dará em função de sua origem por: ganhos com equivalência patrimonial, ganhos com ajustes a valor justo de ativos ou passivos de longo prazo ou lucro na venda a longo prazo.

1.6.2.1 Originária de lucro na venda a longo prazo

A reserva de lucros a realizar, nesse caso, deverá ser realizada à medida que os direitos oriundos dessa venda a longo prazo (contas a receber - LP) forem sendo transferidos para o ativo circulante.

A Figura 1.15 apresenta um exemplo de reserva de lucros a realizar originária de lucro na venda a longo prazo, ainda em continuação ao exemplo apresentado anteriormente e, considerando que no exercício seguinte (31.12.x1) se realizou metade do valor a receber referente a venda a longo prazo; logo, deve-se realizar metade do lucro referente a essa venda $ 1.200 ($ 2.400 ÷2), haja vista que o prazo de vencimento das parcelas relativas a venda a longo prazo serão recebidas em dois anos.

Venda a prazo em 31.12.X0		7.500
Lucro na Venda (50%)		3.750
Forma de Recebimento (3 prestações anuais):	Total Ano	Lucro
Parcela em 31.12.x1	2.500	1.250
Parcela em 31.12.x2	2.500	1.250
Parcela em 31.12.x3	2.500	1.250

Figura 1.15 Cálculo da realização da reserva de lucros a realizar originária de lucro na venda a longo prazo

A Figura 1.16 apresenta os registros contábeis da realização da reserva de lucros a realizar originária de lucro na venda a longo prazo calculada por meio dos dados apresentados na Figura 1.15.

Lucros Acumulados		Res.Luc Realiz.-Venda LP		CMV		Bancos	
↑ 2.500	1.250 ±	± 1.250	2.500 ↑	← 3.750		→ 2.500	
			1.200 .				

Clientes – LP		Clientes		Receita Vendas		Estoques	
← 5.000	2.500 ↓	← 2.500	2.500 →		7.500 ←	Si 6.000	3.750 ←
2.500		↓ 2.500					
		2.500					

← Pela venda a prazo em 31.12.X0 por $ 7.500 e apropriação do CMV $ 3.750
↑ Pela constituição da reserva de lucros a realizar em 31.12.X0
→ Pelo recebimento das prestações referentes a X1
↓ Pela reclassificação de longo para curto prazo (31.12.X1)
° Pela realização da reserva de lucros a realizar em 31.12.X1 $ 1.250 ($ 2.500 ÷ 2)

Figura 1.16 Registros contábeis da realização da reserva de lucros a realizar originária de lucro na venda a longo prazo

1.6.2.2 Originária de ganhos com equivalência patrimonial

A realização da reserva de lucros a realizar, nesse caso, se dará quando a empresa receber dividendos desses investimentos ou quando aliená-los.

A Figura 1.16 apresenta um exemplo de realização da reserva de lucros a realizar originária de ganho com equivalência patrimonial, supondo que no exercício seguinte (31.12.X1) a empresa tenha recebido da controlada, avaliada pelo método da equivalência patrimonial, $ 730 a título de dividendos.

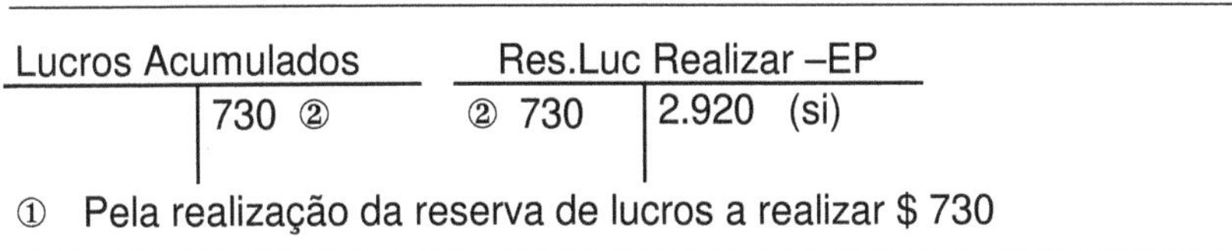

Figura 1.16 Registros contábeis da realização da reserva de lucros a realizar originária de ganho com equivalência patrimonial

No exercício em que é constituída a reserva de lucro a realizar originária de ganho com equivalência patrimonial não há a realização dessa reserva, haja vista que os dividendos somente serão recebidos a partir do exercício seguinte.

1.6.2.3 Originária de ganhos com ajustes a valor justo de ativo ou passivo de longo prazo

A reserva de lucros a realizar, nesse caso, deverá ser realizada à medida que o ativo ou passivo ajustado a valor de mercado (redação do inciso II do art. 197 da Lei nº 6.404/76 pela Lei nº 11.638/07, no entanto, deverá no futuro ser substituída por valor justo) forem se realizando, transferidos para o ativo circulante, alienados ou baixados.

Suponha, por exemplo, uma reserva de lucros a realizar originária de ganhos com ajuste a valor justo de ativo de longo prazo avaliado pelo valor justo por meio do resultado, na qual a empresa realiza uma aplicação em instrumento financeiro de longo prazo, designado como sendo mesurado ao valor justo por meio do resultado pela entidade em 31.12.X0, no valor de $ 4.000,00, por prazo indefinido, em 31.12.X1 a empresa procedeu a apropriação de juros no valor de $ 110 e o ajuste a valor justo dessa aplicação a qual gerou um ganho de $ 900,00. No ano seguinte em 31.12.X2 a empresa procedeu nova apropriação de juros no valor de $ 115 e o ajuste a valor justo dessa aplicação não gerou nem ganho nem perda. Posteriormente, em 02.01.X3 a empresa alienou esse instrumento financeiro por $ 5.200.

A Figura 1.17 apresenta os registros contábeis da realização da reserva de lucros a realizar originária de ganhos com ajustes a valor justo de ativo ou passivo de longo prazo.

Lucros Acumulados		Res.Luc. Realiz.- Ganhos com Ajustes a valor justo de ativo a LP		Bancos	
4- 684	684 -7	7- 684	684 -4	SI- 5.000	4.000 -1
				6- 5.200	

Instrumentos financeiros – LP		Ganhos ou perdas na alienação de instrumentos financeiros (DRE)		Ganhos com ajuste a valor justo (DRE)	
1- 4.000	5.125 -6	6- 5.125	5.200 -6		900 -2
2- 900					
3- 110			75		
5- 115					

Resultado do exercício (despesa com IR e CSSL)		Tributos diferidos passivos (PNC)		Receita de juros	
2- 216		6 – 218	216 -2		110 -3
					115 -5

Contribuição social sobre o lucro a pagar (PC)		Imposto de renda a pagar (PC)	
	81 -6		135 -6

1 - Pela aplicação destinada a negociação em 31.12.X0 no valor de $ 4.000
2 - Pelo ajuste a valor justo da aplicação em 31.12.X1 de $ 900 e tributos diferidos de 216 (900 X 24%)
3 - Pela apropriação de juros referente ao instrumento financeiro de $ 110 em 31.12.X1
4 - Pela constituição da reserva de lucros a realizar (31.12.X1) de $ 684 (900 - 216)
5 - Pela apropriação de juros referente ao instrumento financeiro de $ 115 em 31.12.X2
6 - Pela alienação do instrumento financeiro por $ 5.200 em 02.01.X3
7 - Pela realização da reserva de lucros a realizar

Figura 1.17 Registros contábeis da realização da reserva de lucros a realizar originária de ganhos com ajustes a valor justo de ativos a longo prazo

É importante destacar em relação aos registros contábeis apresentados na Figura 1.17 que, nesse caso, como o ajuste da avaliação a valor justo do instrumento financeiro no valor de $ 900 foi registrado no resultado do exercício, conforme preceitua o item 60 do pronunciamento técnico CPC 32, o tributo diferido resultante, no valor de $ 216, também deve ser reconhecido no resultado do exercício.

1.6.3 Reserva de Incentivos Fiscais

A partir da entrada em vigor do inciso I do art. 19 da Lei nº 11.941/09, não são mais registradas como reserva de capital as doações e das subvenções para investimentos, mas sim, escrituradas no resultado do exercício, podendo ser constituída uma reserva para incentivos fiscais, nos termos do art. 195-A da Lei nº 6.404/76 com redação dada pela Lei nº 11.638/07. Atualmente, do ponto de vista fiscal, esse assunto é tratado no art. 523 do RIR/18.

O art. 195-A da Lei nº 6.404/76 com redação dada pela Lei nº 11.638/07 estabelece:

> Art. 195-A. A assembleia geral poderá, por proposta dos órgãos de administração, destinar para a reserva de incentivos fiscais a parcela do lucro líquido decorrente de doações ou subvenções governamentais para investimentos, que poderá ser excluída da base de cálculo do dividendo obrigatório (inciso I do caput do art. 202 desta Lei).

Segundo o referido dispositivo, a assembleia geral poderá, por proposta dos órgãos de administração, destinar para a reserva de incentivos fiscais a parcela do lucro líquido decorrente de doações ou subvenções governamentais para investimentos, que poderá ser excluída da base de cálculo do dividendo obrigatório (inciso I do caput do art. 202 da Lei nº 6.404/76).

Segundo o CPC a criação da reserva de incentivos fiscais visa a possibilitar que as entidades possam registrar as doações e subvenções para investimento não mais como reserva de capital e sim no resultado do exercício (de imediato ou em bases diferidas) como estabelece a teoria da contabilidade, bem como as normas internacionais.

Em termos fiscais, nos termos do art. 523 do RIR/18, as subvenções para investimento, inclusive mediante isenção ou redução de impostos, concedidas como estímulo à implantação ou expansão de empreendimentos econômicos e as doações feitas pelo poder público não serão computadas na determinação do lucro real, desde que seja registrada em reserva de lucros a que se refere o art. 195-A da Lei no 6.404/76, que somente poderá ser utilizada para:

I - absorção de prejuízos, desde que anteriormente já tenham sido totalmente absorvidas as demais reservas de lucros, com exceção da reserva legal; ou

II - aumento do capital social.

No caso de absorção de prejuízos, a pessoa jurídica deverá recompor a reserva à medida que forem apurados lucros nos períodos subsequentes. Além disso, de acordo com o § 2º do art. 523 do RIR/18, as doações e subvenções feitas pelo poder público serão tributadas caso não sejam observadas essas regras, ou seja, dada destinação diversa das mesmas, inclusive nas hipóteses de:

I - capitalização do valor e posterior restituição de capital aos sócios ou ao titular, mediante redução do capital social, hipótese em que a base para a incidência será o valor restituído, limitado ao valor total das exclusões decorrentes de doações ou subvenções governamentais para investimentos;

II - restituição de capital aos sócios ou ao titular, mediante redução do capital social, nos 5 (cinco) anos anteriores à data da doação ou da subvenção, com posterior capitalização do valor da doação ou da subvenção, hipótese em que a base para a incidência será o valor restituído, limitada ao valor total das exclusões decorrentes de doações ou de subvenções governamentais para investimentos; ou

III - integração à base de cálculo dos dividendos obrigatórios.

Ademais, nos termos do § 3º do art. 523 do RIR/18, caso, no período de apuração, a pessoa jurídica apurar prejuízo contábil ou lucro líquido contábil inferior à parcela decorrente de doações e de subvenções governamentais e, nesse caso, não puder ser constituída como parcela de lucros nos termos do caput, esta deverá ocorrer à medida que forem apurados lucros nos períodos subsequentes.

A Figura 1.18 apresenta um exemplo de registro contábil da constituição de uma reserva de incentivos fiscais no valor de $ 1.610.

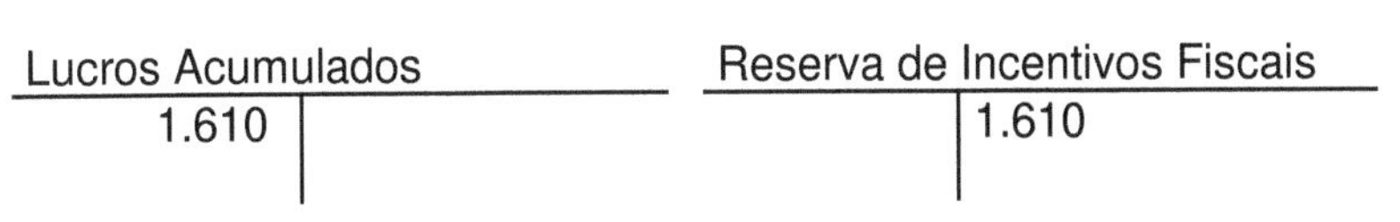

Figura 1.18 Registro contábil da constituição da reserva de incentivos fiscais

Portanto, as doações e subvenções governamentais recebidas para investimentos serão escrituradas diretamente no resultado do exercício ou no passivo circulante ou não circulante, em conta de receita diferida, se recebidas de forma condicional (havendo contraprestação a ser realizada), para atender o princípio da competência, podendo ser constituída reserva de incentivos fiscais, enquanto que as demais doações e subvenções recebidas serão registradas diretamente no resultado do exercício, por se tratarem de receitas já realizadas.

Na legislação fiscal, segundo o art. 523 do RIR/18, as subvenções para investimento, inclusive mediante isenção ou redução de impostos, concedidas como estímulo à implantação ou expansão de empreendimentos econômicos e as doações feitas pelo poder público não serão computadas na determinação do lucro real, desde que seja registrada em reserva de incentivos fiscais (art. 195-A da Lei nº 6.404/76 com redação dada pela Lei nº 11.638/07). Portanto, todas as demais subvenções e as doações recebidas que não sejam feitas pelo poder público, por se tratarem de mera liberalidade, serão computadas na determinação do lucro real.

Dessa forma, as subvenções correntes para custeio ou operação, recebidas de pessoas jurídicas de direito público ou privado, ou de pessoas naturais, de acordo com o art. 392 do RIR/99, serão computadas na determinação do lucro real quando recebidas.

Além disso, em relação a ativos não circulantes recebidos em doação, seu custo de aquisição é o seu valor de mercado (PN nº 113/78), ou seja, o equivalente em dinheiro que seria recebido pelo donatário em caso de alienação do bem. Dessa forma, o bem será registrado pelo seu justo (valor de mercado) e a contrapartida registrada em receita de doações. Esse ganho, quando não se referir a doações realizadas pelo poder público, nos termos do art. 377 do

RIR/18, no reconhecimento inicial de ativos avaliados com base no valor justo decorrentes de doações recebidas de terceiros, deverá ser computado na determinação do lucro real.

1.6.4 Tratamento contábil para pequenas e médias empresas

Os conceitos apresentados referentes as subvenções e assistências governamentais são também aplicáveis às entidades de pequeno e médio porte. No entanto, o pronunciamento técnico PME não trata das assistências governamentais, mas somente das subvenções. Para maiores detalhes, consultar a seção 24 do pronunciamento técnico PME.

1.7 Limite da constituição de reservas e retenção de lucros

O art. 198 da Lei nº 6.404/76 estabelece:

> A destinação dos lucros para a constituição das reservas de que trata o art. 194 e a retenção nos termos do art. 196 não poderão ser aprovadas, em cada exercício, em prejuízo da distribuição do dividendo obrigatório (art. 202).

A constituição da reserva estatutária e da reserva de retenção de lucros, de acordo com o art. 198 da Lei nº 6.404/76, só pode ser aprovada após a distribuição dos dividendos obrigatórios, o que implica em dizer que as mesmas somente serão constituídas se houver lucro remanescente após o pagamento do dividendo obrigatório.

1.8 Limite do saldo das reservas de lucros

O art. 199 da Lei nº 6.404/76 alterado pela Lei nº 11.638/07 determina que o saldo das reservas de lucros, exceto as para contingências, de incentivos fiscais e de lucros a realizar, não poderá ultrapassar o capital social; atingindo esse limite, a assembleia deliberará sobre a aplicação do excesso na integralização ou no aumento do capital social, ou na distribuição de dividendos.

A principal finalidade desse limite é o de evitar a acumulação excessiva de reservas de lucros, uma vez que o saldo dessas reservas não poderá ultrapassar o capital social. Atingindo esse limite, a assembleia deliberará sobre a aplicação do excesso na integralização ou no aumento do capital social, ou na distribuição de dividendos sobre esse excesso.

1.9   Absorção de Prejuízos do Exercício

O art. 189 da Lei nº 6.404/76 estabelece em seu parágrafo único:

> Parágrafo único - O prejuízo do exercício será obrigatoriamente absorvido pelos lucros acumulados, pelas reservas de lucros e pela reserva legal, nessa ordem.

Quando o resultado líquido do exercício for prejuízo, de acordo com o art. 189 da Lei nº 6.404/76, o mesmo será *obrigatoriamente* absorvido pelos lucros acumulados, pelas reservas de lucros e pela reserva legal, existentes e nessa ordem. O que implica em dizer que não deverão existir reservas de lucros e prejuízos acumulados simultaneamente dentro do patrimônio líquido da companhia.

Além disso, o art. 200 da Lei nº 6.404/76 estabelece:

> As reservas de capital somente poderão ser utilizadas para: I - Absorção de prejuízos que ultrapassem os lucros acumulados e as reservas de lucros (Art. 189 parágrafo único).

O termo *"poderão"* tem a conotação de que a utilização da reserva de capital para esse fim deverá estar regulada no estatuto social da entidade.

A reserva de correção monetária do capital realizado (desde 1.996, as demonstrações contábeis não são mais corrigidas monetariamente, portanto, essa reserva não deve possuir saldo) não poderá ser utilizada para compensar prejuízos, uma vez que ela representa a atualização monetária do capital da companhia e encontra-se transitoriamente registrada como reserva de capital pelo fato de que a assembleia geral, na data do balanço, ainda não foi realizada e, quando o for, deverá obrigatoriamente capitalizá-la, conforme dispõem os arts. 132 e 167 da Lei 6.404/76. Em outras palavras, a reserva de correção monetária do capital só pode ser utilizada para aumento de capital, pois nas sociedades anônimas essa capitalização é obrigatória. Diante das exposições anteriores, a ordem de compensação de prejuízos acumulados é a apresentada na Figura 1.19.

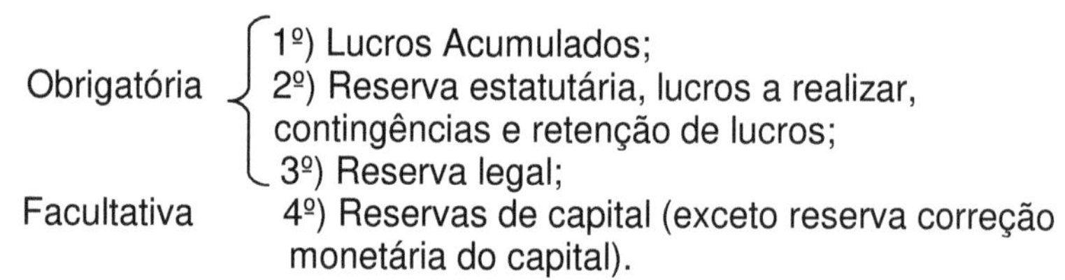

Figura 1.19 Ordem de compensação de prejuízos acumulados

1.10 Reservas de Capital

As reservas de capital são formadas pela contribuição por meio da subscrição de valores mobiliários da companhia, quando, ou enquanto tais valores não forem destinados a integrar o capital social.

Segundo os §§ 1º e 2º do art. 182 da Lei nº 6.404/76 alterada pela Lei nº 11.638/07:

> § 1º Serão classificadas como reservas de capital as contas que registrarem:
> a) a contribuição do subscritor de ações que ultrapassar o valor nominal e a parte do preço de emissão das ações sem valor nominal que ultrapassar a importância destinada à formação do capital social, inclusive nos casos de conversão em ações de debêntures ou partes beneficiárias;
> b) o produto da alienação de partes beneficiárias e bônus de subscrição; § 2º Será ainda registrado como reserva de capital o resultado da correção monetária do capital realizado, enquanto não capitalizado.

Conforme evidenciado anteriormente, constata-se que a Lei nº 11.638/07, revogou do seu escopo, as alíneas *c* e *d* do § 1º do art. 182 da Lei nº 6.404/76, que tratavam, respectivamente, do prêmio recebido na emissão de debêntures e das doações e das subvenções para investimentos, que passaram a ser consideradas como reservas de lucros.

No entanto, foram mantidas como reserva de capital o ágio na emissão de ações, o ágio na conversão em ações de debêntures ou partes beneficiárias e o produto da alienação de partes beneficiárias e bônus de subscrição.

Segundo o item 5 do pronunciamento técnico CPC 08(R1), os prêmios recebidos na captação de recursos por meio da emissão de títulos patrimoniais devem ser reconhecidos como reserva de capital.

A Figura 1.20 apresenta o registro contábil da emissão de 1.000 ações, com valor nominal de $ 1,00 por $ 1,25 em dinheiro, isto é, com ágio de $ 0,25.

Capital subscrito	Capital a integralizar	Reserva de capital-ágio emissão ações	Caixa
1.000 -1	1- 1.000 | 1.000 -2	250 -2	2- 1.250

1 - pelo registro do instrumento contratual
2 - pelo registro da integralização de capital com ágio

Figura 1.20 Registros contábeis da emissão de ações com ágio

A Figura 1.21 apresenta o registro contábil da conversão em ações de debêntures com ágio, sendo emitidas 1.000 ações, com valor nominal de $ 1,00 por $ 1,18 em dinheiro, isto é, com ágio de $ 0,18.

Capital subscrito	Debêntures a pagar		Reserva de capital-ágio conversão de debêntures	Caixa
1.000 -1	1- 1.000	1.000 -SI	180 -1	1-180

1 - pelo registro da conversão de debêntures em ações em dinheiro com ágio

Figura 1.21 Registros contábeis da conversão de debêntures em ações com ágio

A Figura 1.22 apresenta o registro contábil da conversão em ações de partes beneficiárias com ágio, sendo emitidas 1.000 ações, com valor nominal de $ 1,00 por $ 1,21 em dinheiro, isto é, com ágio de $ 0,21.

Capital subscrito	Reserva estatutária-Conversão em ações de partes beneficiárias		Res. de capital-ágio conversão de partes beneficiárias	Caixa
1.000 -1	1- 1.000	1.000 -SI	210 -1	1- 210

1 - pelo registro da conversão de partes beneficiárias em ações em dinheiro com ágio

Figura 1.22 Registros contábeis da conversão de partes beneficiárias em ações com ágio

Em relação ao registro contábil apresentado na Figura 1.22 é importante destacar que obrigatoriamente, nos termos do § 2º do art. 48 da Lei nº 6.404/76, se houver previsão de conversão em ações de partes beneficiárias deverá ser previamente constituída reserva estatutária para esse fim.

A Figura 1.23 apresenta o registro contábil da alienação de partes beneficiárias (subscrição) em dinheiro no valor de $ 1.340, visando captar recursos financeiros.

Caixa	Res. de capital-alienação de partes beneficiárias
1- 1.340	1.340 -1

1 - pelo registro da alienação em dinheiro de partes beneficiárias

Figura 1.23 Registros contábeis da alienação de partes beneficiárias

A Figura 1.24 apresenta o registro contábil da alienação de bônus de subscrição em dinheiro no valor de $ 1.160, visando captar recursos financeiros.

Caixa	Reserva de capital-alienação de bônus de subscrição
1- 1.160	1.160 -1

1 - pelo registro da alienação em dinheiro de bônus de subscrição

Figura 1.24 Registros contábeis da alienação de bônus de subscrição

Além disso, é importante destacar que de acordo com o item 5 do pronunciamento técnico CPC 08(R1), os custos de transação incorridos na captação de recursos por intermédio da emissão de títulos patrimoniais devem ser contabilizados, de forma destacada, em conta redutora de patrimônio líquido, deduzidos os eventuais efeitos fiscais, e os prêmios recebidos devem ser reconhecidos em conta de reserva de capital (ágio na emissão de ações).

Essa conta redutora do patrimônio líquido será apresentada, no balanço patrimonial, após o capital social e somente pode ser utilizada para redução do capital social ou absorção por reservas de capital.

Para exemplificar, suponha a emissão de 10.000 ações, com valor nominal de $ 1,00 por $ 1,00 em dinheiro, isto é, sem ágio, e gastos com emissão de ações de $ 500; o registro contábil, desconsiderando efeitos tributários, será o apresentado na Figura 1.25.

Capital subscrito	Capital a integralizar		Caixa	(-) Gastos com emissão de ações (PL)
10.000 -1	1- 10.000	10.000 - 2	2- 9.500	2- 500

1 - Pelo registro contrato ou estatuto social
2 - Pela integralização de capital com ágio

Figura 1.25 Registros contábeis da emissão de ações com custos de transação

Já a apresentação no balanço patrimonial dos gastos com emissões de ações é o apresentado na Figura 1.26.

Patrimônio Líquido	**9.500**
Capital subscrito	10.000
(-) Gastos com emissão de ações	(500)

Figura 1.26 Apresentação dos gastos com emissão de ações no balanço patrimonial

Caso as ações sejam emitidas com ágio, por exemplo, suponha a emissão de 10.000 ações, com valor nominal de $ 1,00 por $ 1,30 em dinheiro e gastos com emissão de ações de $ 500; o registro contábil, desconsiderando efeitos tributários, será o apresentado na Figura 1.27.

Capital subscrito	Capital a integralizar		Reserva de capital	Caixa
10.000 -1	1-10.000	10.000 - 2	2.500* -2	2- 12.500

1 - Pelo registro contrato ou estatuto social
2 - Pela integralização de capital com ágio
*3.000 - 500 = 2.500

Figura 1.27 Registros contábeis da emissão de ações com ágio e com custos de transação

Em relação à Figura 1.28 é importante destacar que segundo o item 5 do pronunciamento técnico CPC 08 (R1), os prêmios recebidos devem ser reconhecidos em conta de reserva de capital (ágio na emissão de ações).

No entanto, nesse caso, o valor dos gastos com emissão de ações de $ 500, foi reduzido do valor do ágio de $ 3.000. Isso porque segundo o item 6 do pronunciamento técnico CPC 08(R1), nas operações de captação de recursos por intermédio da emissão de títulos patrimoniais em que exista prêmio (excedente de capital) originado da subscrição de ações aos quais os custos de transação se referem, deve o prêmio, até o limite do seu saldo, ser utilizado para absorver os custos de transação registrados no patrimônio líquido.

Já a apresentação no balanço patrimonial do ágio na emissão de ações é o apresentado na Figura 1.28.

Patrimônio Líquido	<u>12.500</u>
Capital subscrito	10.000
Reserva de capital	2.500

Figura 1.28 Apresentação dos gastos com emissão de ações no balanço patrimonial

No que tange ao tratamento fiscal, os custos associados às transações destinadas à obtenção de recursos próprios mediante a distribuição primária de ações ou bônus de subscrição contabilizados no patrimônio líquido, segundo o art. 521 do RIR/18, poderão ser excluídos (já que eles foram registrados no patrimônio líquido), na determinação do lucro real, quando incorridos.

Assim, em relação ao registro apresentado na Figura 1.26, caso sejam considerados os efeitos fiscais e que a empresa seja tributada pelo lucro real, o registro contábil será o apresentado na Figura 1.29.

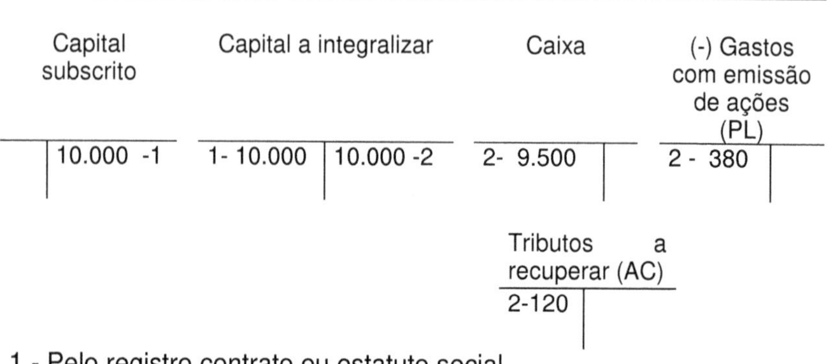

1 - Pelo registro contrato ou estatuto social
2 - Pela integralização de capital com ágio
   *500 x24% = 120

Figura 1.29 Registros contábeis da emissão de ações com custos de transação considerando efeitos tributários

Na Figura 1.29 verifica-se que do valor dos gastos com emissão de ações de $ 500 foi reduzido o valor do crédito fiscal de 15% de imposto de renda e de 9% de contribuição social sobre o lucro cujo valor é de $ 120, isto porque o valor dos gastos com emissão de ações registrados no patrimônio líquido será excluído na apuração do lucro real, gerando um tributo a recuperar ou redução do tributo a recolher.

Além disso, nos termos do item 19 do pronunciamento técnico CPC 08(R1), os custos de transação, enquanto não captados os recursos a que se referem, devem ser apropriados e mantidos em conta transitória e específica do ativo como pagamento antecipado. O saldo dessa conta transitória deve ser reclassificado para a conta específica, conforme a natureza da operação, tão logo seja concluído o processo de captação, ou baixado como despesa no resultado do exercício, caso a operação não se concretizar.

1.11 Tratamento contábil para pequenas e médias empresas

Os conceitos societários apresentados referentes as reservas e retenções de lucros são também aplicáveis às entidades de pequeno e médio porte. Para maiores detalhes, consultar pronunciamento técnico PME.

2 AJUSTES DE AVALIAÇÃO PATRIMONIAL E RESERVA DE REAVALIAÇÃO

2.1 Aspectos gerais

A partir da redação dada pela Lei nº 11.638/07 a Lei nº 6.404/76, não é permitido mais às sociedades por ações efetuarem reavaliações espontâneas do seu ativo imobilizado. Essa alteração se deu pela nova redação dada à alínea "d" do § 2º do art. 178, ao § 3º do art. 182 e ao revogar o § 2º do art. 187 da referida Lei.

Além disso, no art. 6º da Lei nº 11.638/07, a lei das Sociedades por Ações, deu a opção às companhias para manterem os saldos existentes dessa reserva, que deverão ser realizados de acordo com as regras anteriores (Deliberação CVM nº 183/95) ou de estornarem esses saldos até o final do exercício social de 2008.

Procedimento similar ao da reavaliação (custo atribuído), foi possível de ser realizado até 2010, por força do item 22 do ICPC 10, o qual incentivou, nos casos em que os valores do imobilizado e da propriedade para investimento estavam muito abaixo do valor justo, a utilização do mesmo como custo atribuído (*deemed cost*).

Essa opção foi aplicável apenas e tão somente na adoção inicial, não sendo admitida revisão da opção em períodos subsequentes ao da adoção inicial. Consequentemente, esse procedimento específico não significava a adoção da prática contábil da reavaliação.

2.2 Conceito de Ajustes de Avaliação patrimonial e Reserva de Reavaliação

2.2.1 Conceito de Reserva de Reavaliação

Em relação ao conceito de reserva de reavaliação, o art. 182 da Lei nº 6.404/76 estabelecia em seu § 3º:

> § 3º Serão classificadas como reservas de reavaliação as contrapartidas de aumentos de valor atribuídas a elementos do ativo em virtude de novas avaliações, com base em laudo nos termos do art. 8º, aprovado pela assembleia geral.

Assim, eram classificadas como reserva de reavaliação as contrapartidas de aumentos de valor atribuídas a elementos do ativo em virtude de novas avaliações espontâneas com base em laudo de avaliação, aprovado pela assembleia geral. Eram reservas provenientes de avaliações a valor de mercado dos elementos do ativo imobilizado, isto é, representavam acréscimo de valor atribuído a bens corpóreos, acima dos seus valores contábeis líquidos. A normatização dos registros e demais aspectos contábeis se dava pela Deliberação CVM nº 183/95.

No entanto, a Lei nº 11.638/07 eliminou a possibilidade de as sociedades por ações efetuarem reavaliações espontâneas do seu ativo imobilizado, ao dar nova redação à alínea "d" do § 2º do art. 178, ao § 3º do art. 182 e ao revogar o § 2º do art. 187, todos da Lei nº 6.404/76.

Em razão dos benefícios fiscais do diferimento do imposto de renda e da contribuição social, os saldos de reserva de reavaliação foram mantidos na maior parte das empresas e serão realizados à medida que o bem se realizar por depreciação, amortização ou exaustão. Em razão disso, foi mantido o item realização da reserva de reavaliação nessa obra.

2.2.2 Conceito de Ajuste de Avaliação Patrimonial

O § 3º do art. 182 da Lei nº 6.404/76 alterado pela Lei nº 11.941/09 determina que:

> § 3º Serão classificadas como ajustes de avaliação patrimonial, enquanto não computadas no resultado do exercício em obediência ao regime de competência, as contrapartidas de aumentos ou diminuições de valor atribuídos a elementos do ativo e do passivo, em decorrência da sua avaliação a valor justo, nos casos previstos nesta Lei ou, em normas expedidas pela Comissão de Valores Mobiliários, com base na competência conferida pelo § 3º do Art. 177.

Portanto, a partir da vigência da Lei nº 11.941/09, serão registradas como ajustes de avaliação patrimonial a contrapartida de qualquer ajuste a valor justo de elementos do ativo e do passivo, desde que previstos na legislação societária ou nas normas da CVM.

2.3   Significado e Reflexos da Reavaliação

A reavaliação significava a adoção do valor de mercado para os bens reavaliados, abandonando-se o princípio de custo histórico. Conceitualmente, objetivava que o balanço patrimonial refletisse valores mais próximos da sua efetiva realidade econômica em termos de ativo e, consequentemente, do patrimônio líquido da entidade. No entanto, devido a subjetividade da avaliação de alguns ativos, o instituto da reavaliação foi revogado do nosso ordenamento jurídico.

É importante destacar que nas normas internacionais é permitida a reavaliação de ativos não circulantes, inclusive intangíveis; portanto, nesse item as normas brasileiras se aproximaram das normas norte-americanas, que também não permitem a utilização da reavaliação.

2.4   Cálculo e Registros Contábeis dos Ajustes de Avaliação Patrimonial

Conforme evidenciado anteriormente, segundo o § 3º do art. 182 da Lei nº 6.404/76 alterado pela Lei nº 11.941/09, deverão ser classificados como ajustes de avaliação patrimonial as contrapartidas de aumentos ou reduções de valor atribuídos a elementos do ativo e do passivo, em virtude de suas avaliações a valor justo. Além disso, deverão ser avaliados a valor justo somente os ativos líquidos previstos na Lei das Sociedades por Ações ou norma da CVM.

Na Lei das Sociedades por Ações existe a previsão de avaliação a valor justo, de acordo com a alínea "a" do inciso I do art. 183 da Lei nº 6.404/76 com redação dada pela Lei nº 11.941/09, das aplicações em instrumentos financeiros, inclusive derivativos, que serão avaliadas pelo seu valor justo, quando se tratar de aplicações destinadas à negociação ou disponíveis para venda.

Nesse sentido, considera-se instrumento financeiro, segundo o item 11 do pronunciamento técnico CPC 39, qualquer contrato que origine um ativo financeiro para uma entidade e um passivo financeiro ou instrumento patrimonial para outra entidade. Ativo financeiro é qualquer ativo que seja:

- caixa;
- instrumento patrimonial de outra sociedade;

• direito contratual de receber caixa ou outro ativo financeiro de outra entidade;

• direito contratual de trocar ativos ou passivos financeiros com outra entidade sob condições potencialmente favoráveis para a entidade;

• um contrato que seja ou possa vir a ser liquidado por instrumentos patrimoniais da própria entidade e que seja um instrumento financeiro:

- não derivativo no qual a entidade é ou pode ser obrigada a receber um número variável de instrumentos patrimoniais da própria entidade; ou

- derivativo que será ou poderá ser liquidado por outro meio que não a troca de montante fixo em caixa ou outro ativo financeiro, por número fixo de instrumentos patrimoniais da própria entidade. Para esse propósito, os instrumentos patrimoniais da própria entidade não incluem instrumentos com opção de venda classificados como instrumentos patrimoniais ou os instrumentos que são contratos para recebimento ou entrega futura de instrumentos patrimoniais da própria entidade.

Assim, identificado o ativo ou passivo a ser avaliado a valor justo, o próximo passo é verificar qual é o valor justo do ativo ou passivo a ser avaliado. Considera-se valor justo, de acordo com o § 1º do art. 183 da Lei nº 6.404/76, alterada pela Lei nº 11.941/09:

• das matérias-primas e dos bens em almoxarifado, o preço pelo qual possam ser repostos, mediante compra no mercado;

• dos bens ou direitos destinados à venda, o preço líquido de realização mediante venda no mercado, deduzidos os impostos e demais despesas necessárias para a venda, e a margem de lucro;

• dos investimentos, o valor líquido pelo qual possam ser alienados a terceiros;

• dos instrumentos financeiros, o valor que pode se obter em um mercado ativo, decorrente de transação não compulsória realizada entre partes independentes; e, na ausência de um mercado ativo para um determinado instrumento financeiro:

• o valor que se pode obter em um mercado ativo com a negociação de outro instrumento financeiro de natureza, prazo e risco similares;

•o valor presente líquido dos fluxos de caixa futuros para instrumentos financeiros de natureza, prazo e risco similares; ou

•o valor obtido por meio de modelos matemático-estatísticos de precificação de instrumentos financeiros.

Esse conceito utilizado na avaliação de instrumentos financeiros, com base na nova Lei das Sociedades por Ações, é o mesmo utilizado internacionalmente nas normas do IASB e nas normas norte-americanas emitidas pelo FASB com a denominação de *Fair Value* (valor justo).

Suponha, por exemplo, que a empresa Alfa adquira um instrumento financeiro disponível para venda em 31.12.20X0, no valor de $ 5.000,00 em dinheiro. Em 31.12.20X1 esse ativo gerou uma apropriação de receita de juros de $ 120 e o valor justo desse instrumento financeiro passou a ser de $ 5.476.00, isto é, ocorreu um ajuste de avaliação patrimonial positivo. Nesse caso, os registros contábeis dessa operação são os apresentados na Figura 1.30.

Instrumento Financeiro disponível para venda		Caixa		Ajustes de Avaliação patrimonial (PL)	
1- 5.000		Si- 9.000	5.000 -1		356 -3
2- 120					
3- 356					
5.476					

(-) Tributos sobre ajustes de avaliação patrimonial (PL)		Tributos diferidos passivos (PNC)		Receita de juros	
4- 85			85 -4		120 -2

1 - Pela aquisição do instrumento financeiro em dinheiro em 31.12.20X0 no valor de $ 5.000

2 - Pela remuneração de juros do instrumento financeiro em 31.12.20X1 no valor de $ 120

3 - Pelo ajuste a valor justo do instrumento financeiro em 31.12.20X1 de $ 356 (5.476 - 5.120)

4 - Pela constituição dos tributos diferidos passivos em 31.12.20X1 de 356 x 24 % = 85

Figura 1.30 Registros Contábeis do Ajuste de Avaliação Patrimonial Positivo

Em relação ao registro contábil apresentado na Figura 1.30 é importante destacar que os ganhos e perdas provenientes do ajuste a valor justo de instrumentos financeiros disponíveis para venda, segundo a alínea "b" do item 55 do pronunciamento técnico CPC 38, deve ser reconhecido como outros resultados abrangentes (ajustes de avaliação patrimonial) até o ativo ser baixado. Além disso, de acordo com a alínea "a" do item 61A do pronunciamento técnico CPC 32, devem ser destacados os tributos diferidos.

Ademais, conforme evidenciado na Figura 1.30, inicialmente, devem ser apropriadas as receitas ou despesas referentes aos instrumentos financeiros (variação monetária, juros etc.) usando o método de juros efetivos, conforme dispõem a alínea "b" do item 55 do pronunciamento técnico CPC 38 e, após registrados esses valores em contrapartida do resultado do exercício, é que se deve registrar a diferença do valor do instrumento financeiro atualizado pelos juros em relação ao seu valor justo tendo como contrapartida a conta de ajustes de avaliação patrimonial. Adicionalmente, se existirem, os dividendos resultantes de instrumento patrimonial disponível para venda são reconhecidos no resultado quando o direito da entidade de recebê-los é estabelecido.

Suponha, por exemplo, que a empresa Alfa adquira um instrumento financeiro disponível para venda em 31.12.20X0, no valor de $ 5.000,00 em dinheiro. Em 31.12.20X1 esse ativo gerou uma apropriação de receita de juros de $ 120 e o valor justo desse instrumento financeiro passou a ser de $ 4.800,00, isto é, ocorreu um ajuste de avaliação patrimonial negativo. Nesse caso, os registros contábeis dessa operação são os apresentados na Figura 1.31.

Instrumento Financeiro disponível para venda	
1- 5.000	320 -3
2- 120	
4.800	

Caixa	
Si- 9.000	5.000 -1

Ajustes de Avaliação patrimonial (PL)	
	3- 320

(-) Tributos sobre ajustes de avaliação patrimonial (PL)	
	77 -4

Tributos diferidos ativos (ANC)	
4- 77	

Receita de juros	
	120 -2

1 - Pela aquisição do instrumento financeiro em dinheiro em 31.12.20X0 no valor de $ 5.000

2 - Pela remuneração de juros do instrumento financeiro em 31.12.20X1 no valor de $ 120

3 - Pelo ajuste a valor justo do instrumento financeiro em 31.12.20X1 de $ -320 (4.800 - 5.120)

4 - Pela constituição dos tributos diferidos ativos em 31.12.20X1 de 320 x 24 % = 77

Figura 1.31 Registros Contábeis do Ajuste de Avaliação Patrimonial Negativo

2.5 Realização da Reserva de Reavaliação

Como os saldos existentes de reserva de reavaliação puderam ser mantidos e realizados de acordo com os crltérlos anterlores de realização, de acordo com o art. 6º da Lei nº 11.638/07, isto é, a Deliberação CVM nº 183/95, esse item foi mantido nessa obra.

De acordo com a Deliberação CVM nº 183/95, a reserva de reavaliação é considerada realizada na proporção em que se realizarem os aumentos de valor dos bens reavaliados.

Em outras palavras, o valor adicionado ao patrimônio líquido na conta de reserva de reavaliação deverá ser transferido para a conta de lucros ou prejuízos acumulados, à medida que o bem reavaliado for sendo realizado mediante depreciação, amortização, exaustão, perecimento ou alienação.

Portanto, se a empresa não vendeu o bem reavaliado no período, o valor da realização da reserva de reavaliação será um valor exatamente igual àquele em que estiver sendo depreciada a parcela reavaliada; ela deve ser transferida da referida reserva para lucros acumulados, uma vez que estará realizado aquele "lucro em potencial", que é a própria reavaliação.

Também a regulamentação do imposto de renda possui normas relacionadas à realização da reserva de reavaliação, que estão descritas nos arts. 435 e 436 do RIR/99. Segundo os referidos dispositivos, ela se realizará em cada período de apuração, no montante do aumento do valor dos bens reavaliados que tenha sido realizado no período, inclusive mediante alienação, sob qualquer forma; depreciação, amortização ou exaustão ou baixa por perecimento.

Hipótese I: Realização da reserva de reavaliação com lucro real.

Suponha, que, no ano seguinte a constituição da reserva de reavaliação, ou seja, (31/12/20X1), deva ser efetuada a realização da reserva de reavaliação, sabendo-se ainda que a taxa de depreciação do bem reavaliado é de 4% a.a., ou seja, o bem possui uma estimativa de vida útil restante de 25 anos. Os cálculos e registros contábeis da realização da reserva de reavaliação e dos tributos incidentes sobre ela são os apresentados na Figura 1.32.

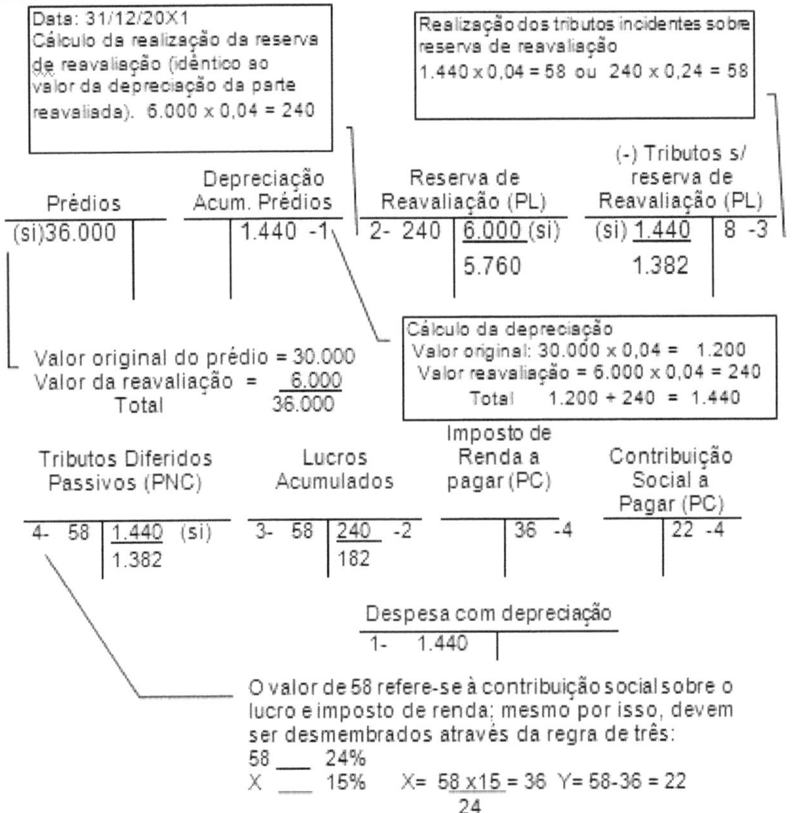

1 - Pelo registro da depreciação do período.
2 - Pela realização da reserva de reavaliação.
3 - Pela realização dos tributos sobre a reserva de reavaliação.
4 - Pela reclassificação para curto prazo dos tributos diferidos.

Figura 1.32 Realização da reserva de reavaliação na hipótese I

Caso ocorram prejuízos fiscais que impliquem o não provisionamento do imposto de renda, o tratamento no patrimônio líquido é exatamente o mesmo. Nesse caso, não haveria transferência dos tributos diferidos passivos no passivo não circulante para o passivo circulante, mas para tributos sobre reserva de reavaliação, revertendo então o registro efetuado anteriormente.

Hipótese II: Realização da reserva de reavaliação com prejuízo fiscal.

Nessa hipótese, com base no exemplo apresentado na Figura 1.32, no caso de prejuízos fiscais, seriam efetuados os registros contábeis apresentados na Figura 1.33.

| D - Tributos Diferidos Passivos (PNC) | 58 |
| D - Tributos s/Reserva de Reavaliação (PL) | 58 |

Tributos Diferidos Passivos (PNC)		Lucros Acumulados		(-) Tributos s/ reserva de Reavaliação (PL)	
3- 58	1.440 (si)		240 -2	(si) 1.440	58 -3
	1.382				1.382

Figura 1.33 Registros da realização da reserva de reavaliação com prejuízo fiscal

2.6 Desreconhecimento (Baixa) dos Ajustes de Avaliação Patrimonial

Segundo a alínea *b* do item 55 do pronunciamento técnico CPC 38, no momento do desreconhecimento (baixa ou transferência), o ganho ou perda acumulado na conta de ajustes de avaliação patrimonial (específica do patrimônio líquido) deve ser transferido para o resultado do período como ajuste de reclassificação. Portanto, em continuação ao exemplo apresentado na Figura 1.30, supondo-se que o referido ativo seja alienado em 2.01.20X2, por meio da sua venda por $ 5.450 em dinheiro. Nesse caso, os registros contábeis dessa operação são os apresentados na Figura 1.34.

Instrumento Financeiro disponível para venda		Caixa		Ajustes de Avaliação patrimonial (PL)	
si- 5.476	5.476 -1	Si- 4.000		2- 356	356 -si
		1- 5.450			

(-) Tributos sobre ajustes de avaliação patrimonial (PL)		Tributos diferidos passivos (PNC)		Imposto de renda a pagar (PC)	
si- 85	85 -3	3- 85	85 -si		50 -4

Ganhos ou perdas na baixa de instrumentos financeiros (DRE)		Contribuição social a pagar (PC)		Resultado do exercício (despesa com IR e CSSL)	
1- 5.476	5.450 -1		29 -4	4- 79	
	356 -2				
	330				

Si – Saldo inicial
1 - Pela venda do instrumento financeiro em dinheiro em 02.01.X2 por $ 5.450
2 - Pela transferência do saldo de ajustes de avaliação patrimonial para o resultado do exercício
3 - Pela realização dos tributos sobre os ajustes de avaliação patrimonial
4 - Pela apropriação dos tributos sobre o lucro referentes a 20X2 de $ 79 (330 x 24%)

Figura 1.34 Registros Contábeis da Baixa de Instrumento financeiro com Ajuste de Avaliação Patrimonial Positivo

Por outro lado, no caso de ajuste de avaliação patrimonial negativo, em continuação ao exemplo apresentado na Figura 1.31, supondo-se que o referido ativo seja alienado em 2.01.20X2, por meio da sua venda por $ 4.900 em dinheiro. Nesse caso, os registros contábeis dessa operação são os apresentados na Figura 1.35.

Instrumento Financeiro disponível para venda	
si- 4.800	4.800 -1

Caixa	
Si- 4.000	
1- 4.900	

Ajustes de Avaliação patrimonial (PL)	
si- 320	320 -2

Tributos sobre ajustes de avaliação patrimonial (PL)	
3- 77	77 -si

Tributos diferidos ativos (ANC)	
si- 77	77 -3

Imposto de renda a pagar (PC)	
4- 33	

Ganhos ou perdas na baixa de instrumentos financeiros (DRE)	
1- 4.800	4.900 -1
2- 320	
220	

Contribuição social a pagar (PC)	
4- 20	

Resultado do exercício (despesa com IR e CSSL)	
	53 -4

Si – Saldo inicial

1 - Pela venda do instrumento financeiro em dinheiro em 02.01.20X2 por $ 4.900

2 - Pela transferência do saldo de ajustes de avaliação patrimonial para o resultado do exercício

3 - Pela realização dos tributos sobre os ajustes de avaliação patrimonial

4 - Pela apropriação dos tributos sobre o lucro referentes a 20X2 de $ -53 (220 x 24%)

Figura 1.35 Registros Contábeis da Baixa de Instrumento financeiro com Ajuste de Avaliação Patrimonial Negativo

Já a apresentação na demonstração do resultado abrangente, em relação aos exemplos da Figura 1.30 e da Figura 1.35, supondo-se que os lucros líquidos dos períodos sejam de $ 23.000 em 20X1 e $ 45.000 em 20X2, é a apresentada na Figura 1.36.

**Demonstração do Resultado Abrangente
do Exercício:**   <u>**31.12.20X1**</u>   <u>**31.12.20X2**</u>

	31.12.20X1	31.12.20X2
Resultado líquido do período	**23.000**	**45.000**
Outros resultados Abrangentes	<u>**271**</u>	<u>**0**</u>
Ganhos no ajuste a valor justo de instrumentos financeiros	356	0
(-) Tributos sobre ajustes de avaliação patrimonial	(85)	
Ajustes de Reclassificação	<u>**0**</u>	<u>**(271)**</u>
Ajuste de instrumento financeiro reclassificado para o resultado	0	(356)
(-) Tributos sobre ajustes de avaliação patrimonial		85
Resultado Abrangente do Período	<u>**23.271**</u>	<u>**44.729**</u>

Figura 1.36 Demonstração do Resultado Abrangente em 20X1 e 20X2

2.7 Reserva de reavaliação reflexa ou de ativos de controladas

Quando uma sociedade controlada ou coligada avaliada pelo método de equivalência patrimonial reavaliava bens corpóreos, a controladora, proporcionalmente a sua participação no capital social da investida, deveria registrar a reserva de reavaliação reflexa, também denominada de reserva de reavaliação de ativos de controladas.

Para exemplificar, suponha que a reavaliação apresentada na Figura 1.32 tenha sido realizada pela controlada Beta, na qual a investidora participa com 80% do capital social; nesse caso, a investidora deve inicialmente verificar o valor da reserva de reavaliação de ativos de controladas que é obtido de acordo com o cálculo apresentado na Figura 1.37.

Valor da reavaliação na controlada Beta	6.000
(-) Tributos sobre a reserva de reavaliação	<u>(1.440)</u>
(=) Valor líquido de tributos	4.560
x percentual de participação na controlada	<u>80%</u>
(=) Valor reserva de reavaliação reflexa	3.648

Figura 1.37 Cálculo da reserva de reavaliação de ativos de controladas

Os registros contábeis da reserva de reavaliação reflexa são apresentados na Figura 1.38.

Investimentos em Beta		Reserva de reavaliação de ativos de controladas	
si 24.000			3.648 ①
① 3.648			
36.000			

1 - Pelo registro da reserva de reavaliação de ativos de controladas

Figura 1.38 Registro contábil da reserva de reavaliação de ativos de controladas

É importante destacar, ainda, que conforme se verifica na Figura 1.38, não devem ser registrados os tributos incidentes sobre a reserva de reavaliação reflexa, nos termos do § 1º do art. 24 do Decreto-Lei nº 1.598/77, pois geraria uma bitributação, porque os tributos já serão pagos pela controlada.

Além disso, segundo o art. 24 do Decreto-Lei nº 1.598/77, a contrapartida do ajuste por aumento do valor do patrimônio líquido do investimento em virtude de reavaliação de bens do ativo da coligada ou controlada, por esta utilizado para constituir reserva de reavaliação, deverá ser compensada pela baixa da mais-valia (ágio na aquisição do investimento com fundamento no valor de mercado dos bens reavaliados). Assim, em relação ao registro apresentado na Figura 1.38, caso a investidora possuísse mais-valia na controlada Beta referente ao mesmo bem reavaliado, no valor de $ 5.000, os registros contábeis seriam os apresentados na Figur 1.39.

Investimentos em Beta		Mais-valia na Controlada Beta	
si- 24.000		si- 5.000	3.648 ①
① 3.648			
27.648			

(si) Saldo inicial das contas em 31.12.20X1
① Pelo registro da reserva de reavaliação de ativos de controladas

Figur 1.39 Registro contábil da reserva de reavaliação de ativos de controladas no caso de existir mais-valia

2.8   Ajustes de avaliação patrimonial reflexos

2.8.1 Ajuste de avaliação patrimonial reflexo positivo

De maneira similar, quando uma controlada, coligada ou empreendimento controlado em conjunto, ajusta a valor justo determinado ativo ou passivo em contrapartida da conta de ajustes de avaliação patrimonial, a investidora deverá registrar a contrapartida do aumento do valor do investimento em conta de ajustes de avaliação patrimonial de investidas (controladas, coligadas ou empreendimentos controlados em conjunto).

A fim de exemplificar, suponha que a controlada Beta, na qual a investidora participa com 70% do capital social, tenha ajustado a valor justo seus instrumentos financeiros disponíveis para venda em um valor positivo de $ 4.000; nesse caso, a investidora deve inicialmente verificar o valor do ajuste de avaliação patrimonial de ativos de controladas que é obtido de acordo com o cálculo apresentado na Figura 1.40.

Valor do ajuste positivo de avaliação patrimonial na controlada Beta	4.000
(-) Tributos sobre o ajuste de avaliação patrimonial	(960)*
(=) Valor líquido de tributos	3.040
x percentual de participação na controlada	70%
(=) Valor do ajuste de avaliação patrimonial reflexo	2.128

* 4.000 X 24% = 960

Figura 1.40 Cálculo do ajuste positivo de avaliação patrimonial de controladas

Os registros contábeis do ajuste de avaliação patrimonial reflexo são os apresentados na Figura 1.41.

Investimentos em Beta		Ajustes de Avaliação patrimonial de ativos de Controladas
si- 20.000		2.128 ①
① 2.128		
22.128		

(si) Saldo inicial das contas em 31.12.20X1.
① Pelo registro do ajuste positivo de avaliação patrimonial de ativos de controladas

Figura 1.41 Registro contábil do ajuste de avaliação patrimonial de ativos de controladas

Em relação- ao registro apresentado na Figura 1.41 é importante destacar que de acordo com a legislação fiscal, nos termos do art. 393 do RIR/18, caso o ganho relativo ao ajuste de avaliação patrimonial de controladas se refira a bens diferentes dos que serviram de fundamento à mais-valia, ou o seu valor seja superior ao saldo da mais-valia, o mesmo deverá ser computado na determinação do lucro real, exceto se o ganho for evidenciado contabilmente em subconta vinculada à participação societária (ajustes de avaliação patrimonial de ativos de controladas), com discriminação do bem, do direito ou da obrigação da investida objeto de avaliação com base no valor justo, em condições de permitir a determinação da parcela realizada, liquidada ou baixada em cada período.

O valor registrado como ganho em ajustes de avaliação patrimonial de controladas será realizado, de acordo com o § 2º do art. 393 do referido dispositivo legal, à medida que o ativo da investida for realizado, inclusive mediante depreciação, amortização, exaustão, alienação ou baixa, ou quando o passivo da investida for liquidado ou baixado, e o ganho respectivo não será computado na determinação do lucro real nos períodos de apuração em que a investida computar o ganho na determinação do lucro real.

Portanto, esse ganho somente deverá ser computado na determinação do lucro real do período de apuração em que o contribuinte alienar ou liquidar o investimento.

2.8.2 Ajuste de avaliação patrimonial reflexo positivo no caso de mais-valia

Caso exista mais-valia na aquisição do investimento, de acordo com o art. 428 do RIR/18, inicialmente, a contrapartida do ajuste positivo, na participação societária (investimento), mensurada pelo patrimônio líquido (MEP), decorrente da avaliação pelo valor justo de ativo ou passivo da investida, deverá ser compensada pela baixa do respectivo saldo da mais-valia. Assim, em relação ao registro apresentado na Figura 1.41, caso a investidora possuísse mais-valia na controlada Beta referente ao mesmo bem reavaliado, no valor de $ 4.500, os registros contábeis seriam os apresentados na Figura 1.42.

Investimentos em Beta		Mais-valia na Controlada Beta	
si- 24.000		si- 4.500	2.128 ①
① 2.128			
26.128			

(si) Saldo inicial das contas em 31.12.20X1.
① Pelo registro do ajuste positivo de avaliação patrimonial de ativos de controladas

Figura 1.42 Registro contábil do ajuste positivo de avaliação patrimonial de ativos de controladas no caso de existir mais-valia

2.8.3 Ajuste de avaliação patrimonial reflexo negativo

De forma similar, em relação a perda referente a ajustes de avaliação patrimonial de controladas, de acordo com § 1º do art. 428 do RIR/18, caso ela se refira a bens diferentes dos que serviram de fundamento à menos-valia, ou o seu valor seja superior ao saldo da menos-valia, a mesma não será computada na determinação do lucro real e será evidenciada contabilmente em subconta vinculada à participação societária (ajustes de avaliação patrimonial – de ativos de controladas), com discriminação do bem, do direito ou da obrigação da investida objeto de avaliação com base no valor justo, em condições de permitir a determinação da parcela realizada, liquidada ou baixada em cada período.

O valor registrado como perda em ajustes de avaliação patrimonial de controladas, será realizado, de acordo com o § 2º do

art. 428 do referido dispositivo legal, à medida que o ativo da investida-
for realizado, inclusive mediante depreciação, amortização, exaustão,
alienação ou baixa, ou quando o passivo da investida for liquidado ou
baixado, e a perda respectiva não será computada na determinação
do lucro real nos períodos de apuração em que a investida computar
a perda na determinação do lucro real. Assim, essa perda poderá ser
computada na determinação do lucro real do período de apuração em
que o contribuinte alienar ou liquidar o investimento.

Para exemplificar, suponha que a controlada Beta, na qual a
investidora participa com 70% do capital social, tenha ajustado a valor
justo seus instrumentos financeiros disponíveis para venda em um
valor negativo de $ 2.000; nesse caso, a investidora deve,
inicialmente, verificar o valor do ajuste de avaliação patrimonial de
ativos de controladas que é obtido de acordo com o cálculo
apresentado na Figura 1.43.

Valor do ajuste negativo de avaliação patrimonial na controlada Beta	2.000
(-) Tributos sobre o ajuste de avaliação patrimonial	480)*
(=) Valor líquido de tributos	1.520
x percentual de participação na controlada	70%
(=) Valor do ajuste de avaliação patrimonial reflexo	1.064

* 2.000 X 24% = 480

Figura 1.43 Cálculo do ajuste negativo de avaliação patrimonial de controladas

Os registros contábeis do ajuste de avaliação patrimonial
reflexo são os apresentados na Figura 1.44.

Investimentos em Beta		Ajustes de Avaliação patrimonial de ativos de Controladas	
si- 20.000	1.064 ①	① 1.064	
18.936			

(si) Saldo inicial das contas em 31.12.20X1
① Pelo registro do ajuste negativo de avaliação patrimonial de ativos de controladas

Figura 1.44 Registro contábil do ajuste de avaliação patrimonial negativo de ativos de controladas

2.8.4 Ajuste de avaliação patrimonial reflexo negativo no caso de menos-valia

Além disso, caso exista menos-valia na aquisição do investimento, de acordo com o art. 429 do RIR/18, inicialmente, a contrapartida do ajuste negativo, na participação societária (investimento), mensurada pelo patrimônio líquido (MEP), decorrente da avaliação pelo valor justo de ativo ou passivo da investida, deverá ser compensada pela baixa do respectivo saldo da menos-valia. Assim, em relação ao registro apresentado na Figura 1.44, caso a investidora possuísse menos-valia na controlada Beta referente ao mesmo bem reavaliado, no valor de $ 4.200, os registros contábeis seriam os apresentados na Figura 1.45.

Investimentos em Beta		(-) Menos-valia na Controlada Beta	
si- 20.000	1.064 ①	① 1.064	4.400 -si
18.936			

(si) Saldo inicial das contas em 31.12.20X1
① Pelo registro do ajuste negativo de avaliação patrimonial de ativos de controladas

Figura 1.45 Registro contábil do ajuste de avaliação patrimonial negativo de ativos de controladas no caso de existir menos-valia

2.9 Tratamento contábil para pequenas e médias empresas

Os conceitos societários apresentados referentes aos ajustes de avaliação patrimonial e as reservas de reavaliação são também aplicáveis às entidades de pequeno e médio porte. Para maiores detalhes, consultar seções 6 e 11 do pronunciamento técnico PME.

3 DIVIDENDOS

3.1 Conceito

Segundo a sistemática atual, dividendo é o montante do lucro que se divide pelo número de ações. É a parcela de lucro relativa a cada ação. É o rendimento proporcionado pela ação.

Os dividendos representam destinações do lucro líquido do exercício, de lucros acumulados ou de reserva de lucros, para os acionistas da sociedade. O estatuto social da sociedade regulará a forma de distribuição dos dividendos, sempre em consonância com a Lei nº 6.404/76.

3.2 Origem

O art. 201 da Lei nº 6.404/76 estabelece:

> A companhia somente pode pagar dividendos à conta de lucro líquido do exercício, de lucros acumulados, de reserva de lucros e à conta de reserva de capital, no caso das ações preferenciais de que trata o § 5º do art. 17. § 1º A distribuição de dividendos com inobservância do disposto neste artigo implica responsabilidade solidária dos administradores e fiscais, que deverão repor à caixa social a importância distribuída, sem prejuízo da ação penal que no caso couber. § 2º Os acionistas não são obrigados a restituir os dividendos que em boa fé tenham recebido. Presume-se a má fé quando os dividendos forem distribuídos sem o levantamento do balanço ou em desacordo com os resultados deste.

A Lei nº 6.404/76 no art. 201 observa rigorosamente o princípio da integridade do capital social, visando o interesse dos acionistas, credores e da própria companhia, no que diz respeito ao regime de pagamento de dividendos, ou seja, veda a distribuição de dividendos que não resultem de lucros obtidos pelas operações da empresa ou anteriormente acumulados por ela.

3.3 Prejuízos Acumulados

A Lei nº 6.404/76 não permite a distribuição de qualquer parcela do lucro verificado no exercício enquanto o capital não estiver totalmente reconstituído e não tenham sido previamente separados fundos suficientes para satisfazer o passivo, uma vez que, se isso fosse permitido, a intangibilidade do capital estaria comprometida, aumentando as perdas acumuladas anteriormente, conforme estabelece o art. 189 da Lei nº 6.404/76.

Esse princípio tem validade ainda que se trate de dividendos fixos ou cumulativos outorgados às ações preferenciais, que não poderão ser distribuídos em prejuízo do capital social, de acordo com o estabelecido no § 3º do art. 17 da Lei 6.404/76 alterado pela Lei nº 10.303/01.

Além disso, é ilegal a distribuição de resultados positivos apurados em um exercício, se houver resultados negativos acumulados superiores a esse nos exercícios anteriores; tal dispositivo encontra-se regulado pelo art. 201 da Lei nº 6.404/76. Também não pode haver distribuição de dividendos se a companhia estiver gozando dos benefícios de concordata preventiva (recuperação de empresas), pois nesse caso haveria fraude aos credores quirografários.

3.4 Pagamento com Reserva de Capital

O estatuto pode prever que as ações preferenciais com prioridade na distribuição de dividendo cumulativo, tanto fixo como mínimo, possam receber dividendos, no exercício em que o lucro for insuficiente, à conta das reservas de capital, conforme dispõe o § 6º do art. 17 da Lei nº 6.404/76 alterado pela Lei nº 10.303/01 combinado com o § 1º do art. 182 com redação dada pela Lei nº 11.638/07 e com o art. 200 da Lei 6.404/76.

Para que haja essa distribuição excepcional à conta de reserva de capital, em primeiro lugar, deve o estatuto expressamente prever a hipótese e, além disso, o lucro líquido do exercício deve ser insuficiente. Se não forem observados esses dois requisitos, a distribuição de dividendos por conta da reserva de capital à referida classe de ações preferenciais será ilegal.

3.5 Dividendo obrigatório

O art. 202 da Lei nº 6.404/76, alterado pela Lei n.º 10.303/01, estabelece:

> Os acionistas têm direito de receber como dividendo obrigatório, em cada exercício, a parcela dos lucros estabelecida no estatuto ou, se este for omisso, a importância determinada de acordo com as seguintes normas: I - metade do lucro líquido do exercício diminuído ou acrescido dos seguintes valores: a) importância destinada à constituição da reserva legal (art. 193); e b) importância destinada à formação da reserva para contingência (art. 195), e reversão da mesma reserva formada em exercícios anteriores; II – o pagamento do dividendo determinado nos termos do inciso I poderá ser limitado ao montante do lucro líquido do exercício que tiver sido realizado, desde que a diferença seja registrada como reserva de lucros a realizar (art. 197); III- os lucros registrados na reserva de lucros a realizar, quando realizados e se não tiverem sido absorvidos por prejuízos em exercícios subsequentes, deverão ser acrescidos ao primeiro dividendo declarado após a realização.

O dividendo obrigatório é devido a todas as ações, sejam ordinárias ou preferenciais, e foi introduzido no ordenamento jurídico brasileiro pela Lei n.º 6.404/76, visando evitar que os lucros fossem retidos indefinidamente pela companhia em detrimento da distribuição de dividendos almejada pelos acionistas não controladores, fato comum durante a vigência do Decreto-Lei n.º 2.627/40.

Contudo, a Lei nº 6.404/76 alterada pela Lei nº 10.303/01 permite que o dividendo obrigatório seja fixado livremente no estatuto da companhia ou, em sua omissão, representará 50% do lucro líquido ajustado nos termos do art. 202 da Lei nº 6.404/76.

3.5.1 Cálculo do dividendo obrigatório

O lucro líquido ajustado, que representa a base de cálculo do dividendo obrigatório, de acordo com o texto legal, é obtido por meio do cálculo apresentado na Figura 1.46.

(+) Lucro líquido do exercício
(–) Prejuízos Acumulados (art. 189)
(–) Reserva Legal (constituída)
(–) Reserva de Contingências (constituída)
(+) Reversão de Reserva de Contingências
(=) Lucro líquido ajustado antes da RLR
(X) percentual estabelecido no estatuto
(=) Dividendo obrigatório antes da RLR
(–) Reserva de Lucros a Realizar (constituída)
(+) Realização de Reserva de Lucros a Realizar
(=) Dividendo Obrigatório

Figura 1.46 Lucro líquido ajustado

A Figura 1.48 apresenta um exemplo de cálculo de dividendos obrigatórios. No estatuto da entidade encontra-se definido um dividendo obrigatório de 25% do lucro líquido ajustado. A Figura 1.47 apresenta a composição das ações.

Número de Ações (Estatuto)	
Ações Ordinárias	8.000 ações
Ações Preferenciais	2.000 ações
Ações Ordinárias a Integralizar	(1.000) ações
Total	10.000 ações

Figura 1.47 Composição do capital social

(+) Lucro líquido do exercício	11.200
(–) Prejuízos acumulados	(5.940)
(–) Reserva Legal (constituída)	(560)
(–) Reserva de Contingência (constituída)	(2.000)
(+) Reversão Reserva de contingência	900
(=) Lucro Líquido Ajustado antes da RLR	3.600
x 25%	900
(–) Reserva de lucros a realizar (constituída)	(0)
(+) Realização Reserva de Lucros a Realizar	1.020
(=) Dividendo obrigatório	1.920
1.920 ÷ 9.000 (número total de ações em circulação)	
Dividendo obrigatório por ação	0,2133

Figura 1.48 Cálculo do dividendo obrigatório de 25% do LLA

O significado do cálculo apresentado na Figura 1.48 é o de que nenhuma ação da empresa, seja ordinária ou preferencial de qualquer classe, poderá receber um dividendo inferior ao obrigatório, ou seja, $ 0,2133 por ação.

Outro aspecto importante a ser destacado, em relação ao exemplo apresentado na Figura 1.48, é o de que se deve utilizar o número de ações em circulação (9.000 ações) no cálculo do dividendo obrigatório por ação, e não o total de ações da companhia (10.000 ações). Ações em circulação são todas as ações da empresa, exceto as ações a integralizar e as ações em tesouraria.

Caso não exista previsão estatutária, ou seja, o estatuto é omisso no que tange à distribuição de dividendos, deverá ser distribuído aos acionistas obrigatoriamente um dividendo de 50% do lucro líquido ajustado. A Figura 1.49 apresenta um exemplo de cálculo de dividendos obrigatórios, sendo que no estatuto da entidade não existe uma definição em relação à distribuição de dividendos (estatuto omisso).

(+) Lucro líquido do exercício	11.200
(−) Prejuízos acumulados	(5.940)
(−) Reserva Legal (constituída)	(560)
(−) Reserva de Contingência (constituída)	(2.000)
(+) Reversão Reserva de contingência	900
(=) Lucro Líquido Ajustado antes da RLR	<u>3.600</u>
x 50%	<u>1.800</u>
(−) Reserva de lucros a realizar (constituída)	(80)
(+) Realização Reserva de Lucros a Realizar	1.050
(=) Dividendo obrigatório	<u>2.770</u>
2.770 ÷ 9.000 (número total de ações em circulação)	
Dividendo obrigatório por ação	0,3078

Figura 1.49 Cálculo do dividendo obrigatório quando o estatuto é omisso

3.5.2 Outros critérios de cálculo

O art. 202 da Lei nº 6.404/76 estabelece em seu § 1º:

> § 1º O estatuto poderá estabelecer o dividendo como porcentagem do lucro ou do capital social, ou fixar outros critérios para determiná-lo, desde que sejam regulados com precisão e minúcia e não sujeitem os acionistas minoritários ao arbítrio dos órgãos de administração ou da maioria.

Pode o estatuto, segundo o § 1º do art. 202 da Lei nº 6.404/76, atribuir dividendos com base de cálculo distinta do lucro líquido ajustado, tais como:

- porcentagem do capital social;

- dividendos com valores fixos por ação;

- outros critérios estabelecidos pelos acionistas, desde que exaustivamente regulados no estatuto, e que sejam equitativos e não arbitrários.

Consequentemente, o lucro líquido ajustado, constitui-se em mera referência para a observância do mínimo previsto no estatuto.

3.6 Obrigatoriedade do dividendo 25% do lucro líquido ajustado

O art. 202 da Lei nº 6.404/76 estabelece:

> § 2º Quando o estatuto for omisso e a assembleia geral deliberar alterá-lo para introduzir norma sobre a matéria, o dividendo obrigatório não poderá ser inferior a 25% (vinte e cinco por cento) do lucro líquido ajustado nos termos do inciso I deste artigo.

Segundo o § 2º do art. 202 da Lei nº 6.404/76 alterado pela Lei nº 10.303/01, se o estatuto for omisso e a assembleia geral deliberar alterar o texto estatutário referente a pagamento de dividendos, introduzindo norma sobre essa matéria, o dividendo obrigatório não poderá ser inferior a 25% (vinte e cinco por cento) do lucro líquido ajustado.

Combinado com o *caput* do art. 296 da Lei nº 6.404/76, que estabelece:

> As companhias existentes deverão proceder à adaptação do seu estatuto aos preceitos desta lei no prazo de 1 (um) ano a contar da data em que ela entrar em vigor, devendo para esse fim ser convocada Assembleia geral dos acionistas.

E também combinado com o § 4º do art. 296 da Lei nº 6.404/76, que estabelece:

> § 4º As companhias existentes, cujo estatuto for omisso quanto à fixação do dividendo, ou que o estabelecer em condições que não satisfaçam aos requisitos do § 1º do art. 202, poderão, dentro do prazo previsto neste artigo fixá-lo em porcentagem inferior à prevista no § 2º do art. 202, mas os acionistas dissidentes dessa deliberação terão direito de retirar-se da companhia, mediante reembolso do valor de suas ações, com observância do disposto nos arts. 45 e 137.

Conforme texto legal, nota-se a nítida distinção que a lei faz entre as companhias que anteriormente à sua vigência tenham fixado em seu estatuto o dividendo obrigatório e aquelas que não o fizeram. Para as primeiras, vigora o princípio de livre fixação. As segundas estavam obrigadas ao mínimo de 25% do lucro líquido ajustado se fixassem em seus estatutos após 15 de fevereiro de 1978 e em qualquer valor se o fizessem estatutariamente até essa data.

3.6.1 Companhias constituídas após a vigência da Lei nº 6.404/76

A vigência da Lei nº 6.404/76 é expressa, e está consubstanciada no *caput* do art. 295 que estabelece:

> A presente Lei entrará em vigor 60 (sessenta) dias após a sua publicação, aplicando-se, todavia, a partir da data da publicação, às companhias que se constituírem.

A Lei nº 6.404/76 foi editada em 15 de dezembro de 1976, e publicada no Diário Oficial da União em 17 de dezembro de 1976, 60 dias contados a partir da data da publicação, é 15 de fevereiro de 1977, data de início da sua vigência.

As companhias constituídas a partir da vigência da Lei nº 6.404/76 poderão fixar livremente em seu estatuto o *quantum* de dividendo obrigatório, não ficando, portanto, limitadas pelo *quantum* mínimo de 25 % do lucro líquido ajustado. Se, no entanto, o estatuto for omisso, prevalecerá o legalmente instituído, ou seja, de 50% sobre o lucro líquido ajustado.

Essa sistemática decorre de que nas companhias novas (que se constituíram a partir de 15/02/77), data em que entrou em vigor a Lei nº 6.404/76, os acionistas adquirentes de ações estarão tomando suas decisões com conhecimento do estatuto, não sendo, então, prejudicados pelo estabelecimento desse critério.

3.6.2 Companhias constituídas anteriormente a Lei nº 6.404/76

Nas companhias constituídas antes da vigência da Lei nº 6.404/76, cujo estatuto já previa o pagamento de um dividendo, prevalecerá o respectivo *quantum*, inclusive no que diz respeito às participações de administradores nos lucros, conforme dispõe o § 1º do art. 152 da Lei nº 6.404/76.

Se, porém, o estatuto dessas companhias era omisso, poderiam elas fixar livremente no estatuto o *quantum* do dividendo obrigatório, desde que o fizessem até 15 de fevereiro de 1978 (um ano após a vigência da Lei nº 6.404/76, art. 296). Se, no entanto, o fizeram por valor inferior a 25% do lucro líquido ajustado, caberia direito de recesso aos acionistas.

Contudo, se essas companhias procederam à alteração estatutária após 15 de fevereiro de 1978, eram obrigadas a fixar um dividendo obrigatório, correspondente a, no mínimo, 25% do lucro líquido ajustado.

Tanto para companhias constituídas antes como após a vigência da Lei nº 6.404/76, se o estatuto for omisso, prevalecerá o *quantum* fixado na Lei das Sociedades por Ações, ou seja, 50% do lucro líquido ajustado.

3.7 Não distribuição de Dividendo Obrigatório

O art. 202 da Lei nº 6.404/76 estabelece em seu § 3º, I e II:

> § 3º A assembleia geral pode, desde que não haja oposição de qualquer acionista presente, deliberar a distribuição de dividendo inferior ao obrigatório, nos termos deste artigo, ou a retenção de todo o lucro líquido, nas seguintes sociedades:
>
> I – companhias abertas exclusivamente para a captação de recursos por debêntures não conversíveis em ações; II – companhias fechadas, exceto nas controladas por companhias abertas que não se enquadrem na condição prevista no inciso I.

Nas companhias fechadas, segundo o § 3º do art. 202 da Lei nº 6.404/76 alterado pela Lei nº 10.303/01, pode a assembleia geral, por votação unânime e desde que não haja oposição de qualquer acionista presente sem direito a voto, decidir pela não distribuição parcial ou total do dividendo obrigatório. Já as companhias abertas, somente podem adotar tal procedimento quando o objetivo da redução ou eliminação da distribuição do dividendo for captar recursos por meio da emissão de debêntures não conversíveis em ações. Caso não houver unanimidade de voto ou qualquer acionista objetar, prevalecerá a distribuição prevista no estatuto ou na referida Lei.

3.8 Postergação do pagamento do dividendo obrigatório

O art. 202 da Lei nº 6.404/76 estabelece em seu § 4º:

> § 4º O dividendo previsto neste artigo não será obrigatório no exercício social em que os órgãos da administração informarem à Assembleia geral ordinária ser ele incompatível com a situação financeira da companhia. O conselho fiscal, se em funcionamento, deverá dar parecer sobre essa informação e, na companhia aberta, seus administradores encaminharão à Comissão de Valores Mobiliários, dentro de 5 (cinco) dias da realização da Assembleia geral, exposição justificativa da informação transmitida à Assembleia.

A Lei nº 6.404/76, no § 4º do art. 202, transferiu para os órgãos de administração, de forma semelhante ao sistema norte-americano, a competência para decidir, em cada exercício, se o dividendo obrigatório será ou não distribuído, em razão do estado das finanças da companhia. Além disso, a decisão do conselho de administração de não distribuir deve constar de relatório exaustivamente fundamentado, que será lido na assembleia geral.

3.9 Reserva especial - dividendo obrigatório

O art. 202 da Lei nº 6.404/76 estabelece em seu § 5º:

> § 5º Os lucros que deixarem de ser distribuídos nos termos do § 4º serão registrados como reserva especial e, se não absorvidos por prejuízos em exercícios subsequentes, deverão ser pagos como dividendos assim que o permitir a situação financeira da companhia.

Uma vez definida a não distribuição do dividendo obrigatório, segundo o § 5º do art. 202 da Lei 6.404/76, deverá ser constituída uma reserva de lucros para reter tal valor até que a situação financeira da companhia permita sua distribuição.

A Figura 1.50 apresenta um exemplo de registro contábil da postergação do pagamento de dividendos, supondo-se que o dividendo obrigatório em 31-12-X0 fosse de $ 1.350, mas os órgãos da administração informaram não existir condições financeiras de efetuar o pagamento.

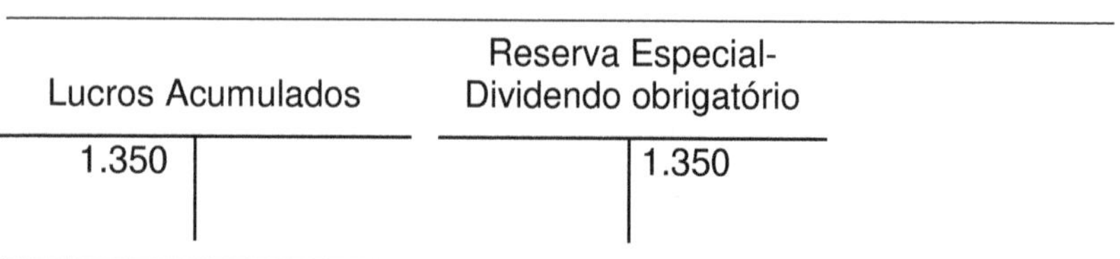

Figura 1.50 Registro contábil da reserva especial de dividendo obrigatório

O § 6º do art. 202 da Lei nº 6.404/76 com redação dada pela Lei nº 10.303/01 estabelece: "§ 6º Os lucros não destinados nos termos dos arts. 193 a 197 deverão ser distribuídos como dividendos."

O dividendo obrigatório (definido no estatuto da companhia, ou na sua omissão definido pelo art. 202 da Lei nº 6.404/76 com redação dada pela Lei nº 10.303/01) proposto encaminhado à assembleia geral de acionistas pelos administradores, conforme dispõe o item 20 da interpretação técnica ICPC 08(R1), representa de fato uma obrigação presente na data das demonstrações contábeis, ainda que os dividendos sejam declarados após o período contábil a que se referem as demonstrações contábeis.

Além disso, nos termos do item 21 da interpretação técnica ICPC 08(R1), devido a essas características especiais de nossa legislação, considera-se que o dividendo obrigatório deva ser registrado como uma obrigação na data do encerramento do exercício social a que se referem as demonstrações contábeis.

Essa já vinha sendo a prática adotada pelas empresas brasileiras que têm apresentado demonstrações contábeis de acordo com a prática contábil norte-americana, notadamente as que têm registro na Comissão de Valores Mobiliários daquela jurisdição (SEC), bem como aquelas empresas brasileiras que já vêm elaborando e divulgando demonstrações contábeis de acordo com as normas internacionais emitidas pelo IASB.

Portanto, o dividendo obrigatório deve ser registrado como uma obrigação na data do encerramento do exercício social a que se referem as demonstrações contábeis.

No entanto, de acordo com o item 24 da interpretação técnica ICPC 08(R1) a parcela do dividendo proposto que exceder ao previsto legal ou estatutariamente deve ser mantida no patrimônio líquido, em conta específica, do tipo "dividendo adicional proposto", até a deliberação definitiva que vier a ser tomada pelos sócios.

Afinal, esse dividendo adicional não se caracteriza como obrigação presente na data do balanço patrimonial, já que a assembleia dos acionistas ou outro órgão competente poderá, não havendo qualquer restrição estatutária ou contratual, deliberar ou não pelo seu pagamento ou por pagamento por valor diferente do proposto.

A Figura 1.51 apresenta um exemplo de registro contábil da distribuição de dividendos excedentes ao obrigatório, supondo-se que o dividendo obrigatório em 31-12-X0 fosse de $ 1.300, mas após constituição das reservas de lucros e do dividendo obrigatório (preferenciais e ordinárias), remanesceu $ 860 de lucros acumulados, que nos termos do § 6º do art. 202 da Lei nº 6.404/76 com redação dada pela Lei nº 10.303/01, devem ser distribuídos como dividendos; dessa forma, os órgãos da administração propuseram à assembleia geral a distribuição desse valor como dividendos adicionais.

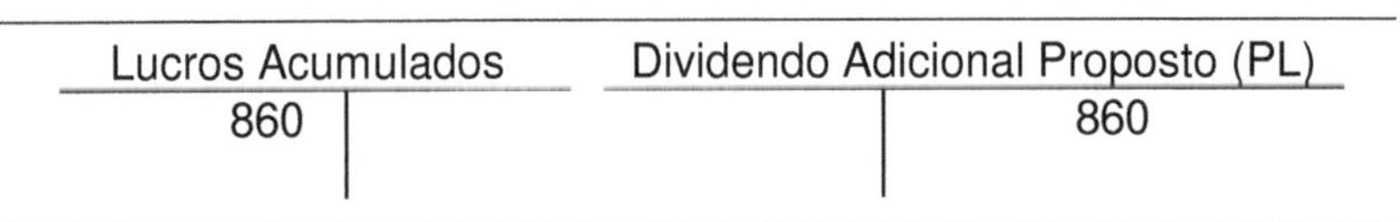

Lucros Acumulados		Dividendo Adicional Proposto (PL)	
860			860

Figura 1.51 Registro contábil dos dividendos propostos excedentes ao obrigatório

3.10 Distribuição de juros sobre o capital próprio

Conforme evidenciado anteriormente os juros sobre o capital próprio – JCP é um instituto criado pela legislação tributária, incorporado ao ordenamento jurídico brasileiro por força do art. 9º da Lei nº 9.249/95, o qual foi alterado pelo art. 355 do RIR/18, e que estabelece:

Art. 9º A pessoa jurídica poderá deduzir, para efeitos da apuração do lucro real, os juros pagos ou creditados individualizadamente a titular, sócios ou acionistas, a título de remuneração do capital próprio, calculados sobre as contas do patrimônio líquido e limitados à variação, pro rata dia, da Taxa de Juros de Longo Prazo - TJLP.

§ 1º O efetivo pagamento ou crédito dos juros fica condicionado à existência de lucros, computados antes da dedução dos juros, ou de lucros acumulados e reservas de lucros, em montante igual ou superior ao valor de duas vezes os juros a serem pagos ou creditados. (Redação dada pela Lei nº 9.430, de 1996)

§ 2º Os juros ficarão sujeitos à incidência do imposto de renda na fonte à alíquota de quinze por cento, na data do pagamento ou crédito ao beneficiário.

§ 3º O imposto retido na fonte será considerado:

I - antecipação do devido na declaração de rendimentos, no caso de beneficiário pessoa jurídica tributada com base no lucro real, presumido ou arbitrado; (parágrafo único do art. 51 da Lei nº 9.430, de 1996).

II - tributação definitiva, no caso de beneficiário pessoa física ou pessoa jurídica isenta.

§ 6º No caso de beneficiário pessoa jurídica tributada com base no lucro real, o imposto de que trata o § 2º poderá ainda ser compensado com o retido por ocasião do pagamento ou crédito de juros, a título de remuneração de capital próprio, a seu titular, sócios ou acionistas.

§ 7º O valor dos juros pagos ou creditados pela pessoa jurídica, a título de remuneração do capital próprio, poderá ser imputado ao valor dos dividendos de que trata o art. 202 da Lei nº 6.404, de 15 de dezembro de 1976, sem prejuízo do disposto no § 2º.

§ 8ºPara fins de cálculo da remuneração prevista neste artigo, serão consideradas exclusivamente as seguintes contas do patrimônio líquido: (Redação dada pela Lei nº 12.973, de 2014)

I - capital social;

II - reservas de capital;

III - reservas de lucros;

IV - ações em tesouraria; e

V - prejuízos acumulados.

§ 11. O disposto neste artigo aplica-se à Contribuição Social sobre o Lucro Líquido. <u>(Redação dada pela Lei nº 12.973, de 2014)</u>

§ 12. Para fins de cálculo da remuneração prevista neste artigo, a conta capital social, prevista no inciso I do § 8° deste artigo, inclui todas as espécies de ações previstas no art. 15 da Lei n$^{\circ}$ 6.404, de 15 de dezembro de 1976, ainda que classificadas em contas de passivo na escrituração comercial". <u>(Redação dada pela Lei nº 12.973, de 2014)</u>

De acordo com o referido texto legal, os juros sobre o capital próprio - JCP serão calculados sobre as contas do patrimônio líquido (exceto reservas de reavaliação e ajustes de avaliação patrimonial) e limitados à variação, *pro rata* dia, da Taxa de Juros de Longo Prazo – TJLP. Supondo-se que a empresa Alfa possua a situação patrimonial apresentada na Figura 1.51 e que a variação da TJLP no período seja de 6,0%; nesse caso, o cálculo dos JCP são os apresentados na Figura 1.52.

Capital social	16.500
Reservas de capital	10.770
Reservas de lucros	1.480
Lucros acumulados	1.250
Patrimônio Líquido	**<u>26.000</u>**

JCP = 30.000 x 6,0% = 1.800

Figura 1.52 Cálculo dos JCP considerando-se a TJLP sobre o patrimônio líquido

No entanto, nos termos do § 1º do art. 9º da Lei nº 9.249/95, o valor dedutível de JCP fica limitado ao maior valor entre, a metade do valor do lucro líquido antes dos tributos sobre o lucro e da dedução dos juros, ou de metade do saldo de lucros acumulados e reservas de lucros. Em continuação ao exemplo apresentado na Figura 11.7, supondo-se que o lucro líquido antes dos tributos da empresa Alfa tenha sido de $ 4.200; nesse caso, o cálculo dos JCP são os apresentados na Figura 1.53.

1º limite - Lucro líquido do exercício = $ 4.200 x 50% = $ 2.100

2º limite - Lucros acumulados + reservas de lucros = $ 2.730 x 50% = 1.365

JCP = $ 1.800, pois não excedeu o limite do § 1º do art. 9º da Lei nº 9.249/95

Figura 1.53 Cálculo dos JCP considerando-se limites do § 1º do art. 9º da Lei nº 9.249/95

Conforme evidenciado na Figura 1., nessa hipótese, a totalidade dos JCP são dedutíveis, já que não ultrapassaram o limite de dedutibilidade estabelecido no art. 9º da Lei nº 9.249/95 com redação dada pela Lei nº 12.973/14, isto é, o limite que representa o maior valor entre 50% do valor do lucro líquido antes dos tributos e dos JCP e 50% do saldo de reservas de lucros e lucros acumulados. No entanto, se o lucro líquido do exercício da empresa Alfa fosse de $ 3.100; nessa hipótese, os JCP seriam os apresentados na Figura 1.53.

1º limite - Lucro líquido do exercício = $ 3.100 x 50% = $ 1.550
2º limite - Lucros acumulados + reservas de lucros = $ 2.730 x 50% = 1.365

JCP = $ 1.550, pois excedeu o limite de 50% do valor do lucro líquido antes dos tributos sobre o lucro e os JCP

Figura 1.53 Cálculo dos JCP considerando-se limites do § 1º do art. 9º da Lei nº 9.249/95 na segunda hipótese

Em relação ao tratamento contábil, de acordo com o item 10 da interpretação técnica ICPC 08(R1), é prática usual das sociedades, distribuírem JCP aos seus acionistas e imputarem-nos ao dividendo obrigatório, nos termos da legislação vigente. Portanto, o tratamento contábil dado aos JCP deve, por analogia, seguir o tratamento dado ao dividendo obrigatório.

No entanto, de acordo com o parágrafo único do art. 30 da IN nº 11/96 da SRF, para efeito de dedutibilidade na determinação do lucro real, os juros sobre o capital próprio, pagos ou creditados, ainda que imputados aos dividendos ou quando creditados à conta de reserva específica, deverão ser registrados em contrapartida de despesas financeiras.

No entanto, a Instrução Normativa RFB nº 1700/2017 no parágrafo único do art. 76 dispõem que alternativamente, a pessoa jurídica poderá registrar os juros sobre o capital próprio em conta que não seja de receita financeira e, nessa hipótese, caso a conta não seja de receita, o montante dos juros sobre o capital próprio deverá ser adicionado na Parte A do e-Lalur e do e-Lacs.

Assim, é possível registar os juros sobre o capital próprio em contrapartida de lucros acumulados e excluir o seu valor no LALUR. Supondo-se a que empresa Alfa proponha a assembleia geral o pagamento de JCP no valor de $ 1.800; nesse caso, os registros são os apresentados na Figura 1.54.

D- Lucros ou prejuízos acumulados	1.800
C- Juros sobre o capital próprio a pagar	1.530
C- IRRF sobre JCP a recolher	270

Figura 1.54 Registro contábil da apropriação de juros sobre o capital próprio a pagar

Por outro lado, em relação aos beneficiários dos JCP, se for pessoa física ou pessoa jurídica isenta, a tributação é definitiva. No entanto, caso o beneficiário dos juros sobre o capital próprio seja uma pessoa jurídica tributada pelo lucro real, presumido ou arbitrado, nos termos do § 6º do art. 9º da Lei nº 9.249/95, o registro contábil, em relação ao exemplo apresentado na Figura 1., supondo-se, ainda que o beneficiário, a controladora Beta, receba 80% do valor dos JCP, ou seja, $ 1.440 (1.800 x 80%); nesse caso, os registros são os apresentados na Figura 1.55.

D- Juros sobre o capital próprio a receber	1.224
D- IRRF a recuperar	216
C- Participações em controladas	1.440

Figura 1.55 Registro contábil da apropriação de juros sobre o capital próprio a receber por pessoa jurídica tributada pelo lucro real

3.11 Juros sobre o capital próprio imputados ao dividendo obrigatório

Os juros sobre o capital próprio somente podem ser imputados ao dividendo obrigatório (definido no estatuto ou, na sua omissão, pelo art. 202 da Lei nº 6.404/76 com redação dada pela Lei nº 10.303/01), isto é, os JCP não podem ser imputados aos dividendos excedentes ao obrigatório.

Segundo o item 22 da interpretação técnica ICPC 08(R1), os juros sobre o capital próprio, quando imputados ao dividendo obrigatório, devem receber tratamento análogo, como vem sendo também a prática adotada pelas empresas brasileiras. O montante de tributo retido na fonte a ser recolhido ao fisco é uma obrigação presente dissociada da obrigação de pagar dividendos.

Ademais, de acordo com o item 11 da interpretação técnica ICPC 08(R1), o valor do tributo retido na fonte que a companhia, por obrigação da legislação tributária, deva reter e recolher (IRRF sobre JCP) não pode ser considerado quando se imputam os JCP ao dividendo obrigatório, ou seja, devem ser considerados os juros sobre o capital próprio líquido do imposto de renda na fonte.

Em termos fiscais, de acordo com o § 7º do art. 9º da Lei nº 9.249/95, o valor dos juros pagos ou creditados pela pessoa jurídica, a título de remuneração do capital próprio, poderá ser imputado ao valor do dividendo obrigatório. Assim, caso os juros sobre o capital próprio de $ 1.800 apresentados no exemplo da Figura 1.54 fossem imputados ao dividendo obrigatório; nesse caso, os registros são os apresentados na Figura 1.56.

D- Lucros ou prejuízos acumulados	1.800
C- Dividendos a pagar	1.530
C- IRRF sobre JCP a recolher	270

Figura 1.56 Registro contábil da apropriação de juros sobre o capital próprio a pagar imputados ao dividendo obrigatório

3.12 Juros sobre o capital próprio utilizados para aumento de capital ou retenção em reserva de lucros

A companhia pode optar por utilizar os juros sobre capital próprio para aumentar seu capital ou mesmo a sua retenção em conta de reserva de lucros, ao invés de pagar ou creditar tais juros aos sócios ou acionistas.

Nesse sentido, conforme dispõe o item 22 da interpretação técnica ICPC 08(R1), quando a obrigação relativa ao imposto de renda retido na fonte incidente sobre juros sobre o capital próprio for assumida pela companhia, e esse é o caso em que a deliberação é pelo não pagamento dos JCP aos sócios e sim por sua retenção, inclusive para futuro aumento de capital, o tributo retido na fonte não deve ser debitado ao resultado, e sim à conta para onde forem destinados esses JCP.

Portanto, quando da utilização dos JCP, como no caso de aumento de capital, ela só poderá ser feita pelo valor líquido efetivamente retido, ou seja, dos JCP deduzidos do tributo recolhido ao governo, se esse imposto for efetivamente pago.

Assim, caso os juros sobre capital próprio de $ 1.800 apresentados no exemplo da Figura 1.54 fossem utilizados para futuro aumento de capital; nesse caso, os registros são os apresentados na Figura 1.57.

D- Lucros ou prejuízos acumulados	1.800
C- Juros sobre o capital próprio a pagar	1.530
C- IRRF sobre JCP a recolher	270
D- Juros sobre o capital próprio a pagar	1.530
C- Reserva para aumento de capital	1.530

Figura 1.57 Registro contábil da utilização de juros sobre o capital próprio para futuro aumento de capital

Por outro lado, caso os juros sobre capital próprio de $ 1.800 apresentados no exemplo da Figura 1.54 fossem utilizados para constituição da reserva de retenção de lucros; nesse caso, os registros são os apresentados na Figura 1.58.

D- Lucros ou prejuízos acumulados	1.800
C- Juros sobre o capital próprio a pagar	1.530
C- IRRF sobre JCP a recolher	270
D- Juros sobre o capital próprio a pagar	1.530
C- Reserva de retenção de lucros	1.530

Figura 1.58 Registro contábil da utilização de juros sobre o capital próprio para constituição da reserva de retenção de lucros

3.13 Dividendo de ações ordinárias

O dividendo obrigatório, embora seja devido para todas as ações, é de interesse em especial às ações ordinárias, conforme exposição de motivos do Ministério da Fazenda, que acompanhou o projeto da Lei nº 6.404/76. Em razão disso, a base de cálculo dos dividendos ordinários na maioria das companhias é o próprio lucro líquido ajustado.

A Figura 1.59 apresenta um exemplo de cálculo do dividendo de ação ordinária, com base na estrutura de capital apresentada na Figura 1.47 e supondo que o estatuto preveja um dividendo de 25% lucro líquido ajustado.

(+) Lucro Líquido do Exercício	13.000
(–) Prejuízos acumulados	(5.850)
(–) Reserva Legal (constituída)	(650)
(–) Reserva de Contingência (constituída)	(3.000)
(=) Lucro Líquido Ajustado antes da RLR	3.500
x 25%	875
(+) Realização Reserva de Lucros a Realizar	1.050
(=) Dividendo obrigatório	1.925
1925 ÷ 7.000 (número de ações ordinárias em circulação)	
Dividendo ordinário por ação	0,2750

Figura 1.59 Cálculo do dividendo de ação ordinária

A Figura 1.60 apresenta o registro contábil do dividendo de ação ordinária calculado de acordo com a Figura 1.59.

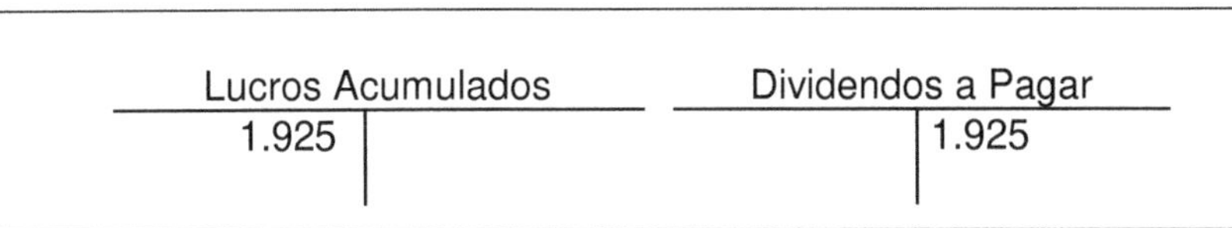

Figura 1.60 Registro contábil do dividendo de ação ordinária

Contudo, existem outras bases de cálculo para a obtenção do valor dos dividendos de ação ordinárias, tais como um dividendo correspondente a um percentual do patrimônio líquido ou do capital social, um dividendo fixo por ação, ou outro critério qualquer de aferição e distribuição, desde que exaustivamente regulados no estatuto e que naturalmente não prejudiquem os acionistas não controladores.

3.14 Dividendos de ações preferenciais

3.14.1 Aspectos introdutórios

Os dividendos de ações preferenciais são aqueles para os quais o estatuto outorga determinados privilégios patrimoniais em relação às ações ordinárias, podendo, em contrapartida, deixar de conferir-lhes o direito de voto, ou restringi-lo.

Segundo o item 19 da interpretação técnica ICPC 08(R1), os dividendos fixos e mínimos devidos aos acionistas preferencialistas, ainda que declarados após o período contábil a que se referem as demonstrações contábeis devem ser registrados como passivo. O caráter de exigibilidade – obrigação presente - é ainda maior nesse caso, dado que a Assembleia Geral de Acionistas não possui poder discricionário para decidir a respeito de sua distribuição ou não, servindo tão-somente para endossar o que já está disciplinado em previsões legais e estatutárias. Portanto, devem ser registrados como obrigação na data do encerramento do exercício social a que se referem as demonstrações contábeis.

Segundo o art. 17 da Lei nº 6.404/76 alterada pela Lei nº 10.303/01, as preferências ou vantagens das ações preferenciais podem consistir:

I - em prioridade na distribuição de dividendo, fixo ou mínimo;

II - em prioridade no reembolso do capital, com prêmio ou sem ele; ou

III - na acumulação das preferências e vantagens descritas anteriormente.

Os dividendos de ações preferenciais são aqueles para os quais o estatuto outorga determinados privilégios patrimoniais em relação às ações ordinárias, podendo, em contrapartida, deixar de conferir-lhes o direito de voto, ou restringi-lo.

Para efeito de proteção efetiva dos direitos patrimoniais das ações preferenciais, há que se considerar as diversas espécies de dividendos preferenciais:

- dividendo preferencial fixo;
- dividendo preferencial mínimo;
- dividendo preferencial fixo e cumulativo;
- dividendo preferencial mínimo e cumulativo;
- dividendo preferencial com prioridade no reembolso de capital;
- outras espécies oriundas da combinação das classes apresentadas anteriormente.

Além disso, com o advento da Lei n.º 10.303/01, as ações preferenciais sem direito a voto ou com restrições no exercício desse direito, para serem admitidas à negociação no Mercado de Valores Mobiliários (MVM), deverão possuir alguma vantagem efetiva em relação às ordinárias, consistente em pelo menos uma das vantagens elencadas nos incisos I, II ou III do § 1º do art.17 da Lei nº 6.404/76 alterada pela Lei nº 10.303/01.

Pode existir, ainda, uma classe de ações preferenciais em que ocorra a acumulação das vantagens ou preferências referidas, desde que estabelecidas com minúcia no estatuto da companhia.

3.14.2 Dividendo Preferencial Mínimo

Salvo disposição estatutária em contrário, a ação preferencial com dividendo mínimo participa dos lucros distribuídos em igualdade de condições com as ordinárias, depois de estas terem recebido um dividendo igual ao mínimo. Portanto, após a distribuição do dividendo mínimo às preferenciais e de igual valor às ordinárias, o remanescente do lucro distribuível será partilhado em igualdade de condições entre as ordinárias e preferenciais dessa classe. Nesse caso, as preferenciais terão direito pleno de voto.

Por outro lado, salvo disposição estatutária em contrário, não são cumulativos os dividendos de ação preferencial mínimo, não tendo, portanto, os acionistas direito de receber os que não foram pagos nos exercícios anteriores.

O valor do dividendo preferencial mínimo é obtido pelo produto entre o valor do dividendo por ação, definido no estatuto, e o número de ações preferenciais dessa classe; contudo, a lei não permite que participem com valor inferior ao das ordinárias, conforme visto anteriormente.

A Figura 1.61 apresenta um exemplo de cálculo do dividendo preferencial mínimo, supondo que o número de ações preferenciais dessa classe seja de 2.000 e o valor a ser pago por ação definido no estatuto da entidade seja de 0,18 por ação.

1º Caso - Valor do dividendo pago para as ações ordinárias = 0,1950 por ação

O valor do dividendo preferencial mínimo = 2.000 x 0,195 – <u>390,</u> pois o valor pago às ordinárias por ação (0,1950) é superior ao valor estabelecido no estatuto (0,18).

2º Caso - Valor do dividendo pago às ações ordinárias = 0,1500 por ação

O valor do dividendo preferencial mínimo = 2.000 x 0,18 = <u>360,</u> pois o valor pago às ordinárias por ação (0,15) é inferior ao valor estabelecido no estatuto (0,18)

Figura 1.61 Cálculo do dividendo preferencial mínimo

Em resumo, deverá ser pago a título de dividendo preferencial mínimo *o maior valor* (por ação) entre o valor definido no estatuto e o valor pago a título de dividendo às ações ordinárias, lembrando sempre que o mesmo deverá ser maior ou igual ao dividendo obrigatório.

A Figura 1.62 apresenta o registro contábil do dividendo de ação preferencial mínimo calculado de acordo com a Figura 1.61.

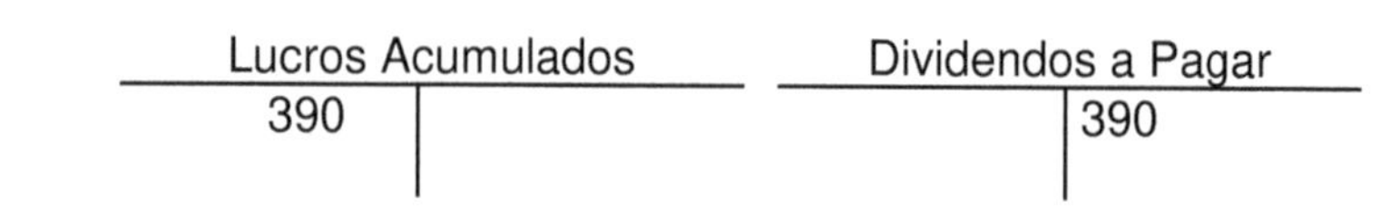

Lucros Acumulados	Dividendos a Pagar
390			390

Figura 1.62 Registro contábil dos dividendos de ação preferencial mínimo

3.14.3 Dividendo Preferencial Fixo

Salvo disposição estatutária em contrário, os dividendos preferenciais fixos não participam dos lucros remanescentes. Portanto, no silêncio do estatuto será tal dividendo pago simplesmente, e o remanescente será distribuído entre as ações ordinárias e preferenciais de outras classes. Contudo, nesse caso, caberá pleno direito de voto a essa classe de preferenciais.

Caso não exista disposição estatutária em contrário, não são cumulativos os dividendos fixos, sendo pago somente os do exercício e não os atrasados.

As ações com dividendo preferencial fixo, da mesma forma que as demais espécies e classes de ações, também têm direito ao dividendo obrigatório em cada exercício. Seu valor também é obtido pelo produto entre o valor do dividendo por ação definido no estatuto e o número de ações preferenciais dessa classe.

A Figura 1.63 apresenta um exemplo de cálculo do dividendo preferencial fixo, supondo que o número de ações preferenciais dessa classe seja de 2.000 e o valor a ser pago por ação definido no estatuto da entidade seja de 0,18 por ação.

O valor do dividendo preferencial fixo = 2.000 x 0,18 = 360, sempre lembrando que o valor estabelecido no estatuto deve ser maior ou igual ao dividendo obrigatório por ação.

Figura 1.63 Cálculo do dividendo preferencial fixo

É importante ressaltar que, diferentemente do dividendo preferencial mínimo, a ação da classe preferencial fixo não tem assegurado um dividendo igual ao pago às ações ordinárias; consequentemente, não há necessidade de comparar o valor definido no estatuto com aquele pago às ações ordinárias.

A Figura 1.64 apresenta o registro contábil do dividendo de ação preferencial mínimo calculado de acordo com a Figura 1.63.

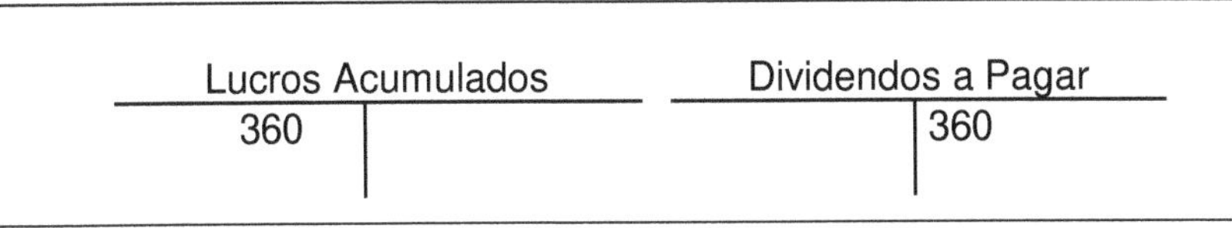

Figura 1.64 Registro contábil dos dividendos de ação preferencial fixo

3.14.4 Dividendo fixo cumulativo ou mínimo cumulativo

Nessas classes de ações, o valor do dividendo fixo ou mínimo será acumulado para os exercícios posteriores se durante o exercício não houver lucros, ou não puderam ser distribuídos conforme dispõe o § 4º do art. 202 da Lei nº 6.404/76.

Assim, no exercício em que novamente houver lucros, o pagamento do dividendo fixo irá abranger não só o devido naquele ano, mas também o dos anos anteriores que não foram pagos, ou seja, os atrasados, desde que, é claro, a reserva especial de dividendo obrigatório não tenha sido absorvida por prejuízos.

3.14.5 Dividendo com prioridade no reembolso de capital

A preferência dessa classe refere-se à devolução no momento da liquidação da sociedade; pagas todas as dívidas, o restante do ativo será inicialmente devolvido ao acionista preferencial dessa classe e o remanescente distribuído entre os acionistas que possuem ações ordinárias ou preferenciais de outras classes. Para essa classe de ações, está plenamente assegurado o direito de voto.

3.14.6 Acumulação das vantagens

O estatuto pode criar outras classes de ações preferenciais que gozarão de vantagens tanto no que se refere à prioridade na percepção dos dividendos, como no reembolso do capital em caso de liquidação da companhia, acumulando ambos os privilégios.

3.14.7 Direito de Voto por não pagamento de dividendos

Mesmo que o estatuto suprima ou restrinja o direito de voto das ações preferenciais, elas adquirirão essa prerrogativa, se a companhia, pelo prazo previsto no estatuto, não superior a três exercícios consecutivos, deixar de pagar os dividendos a que fizerem jus, conservando-os até a data do pagamento, inclusive dos atrasados, se forem cumulativos, conforme dispõe o § 1º do art. 111 da Lei nº 6.404/76.

3.14.8 Dividendo preferencial na ordem das destinações

O art. 203 da Lei nº 6.404/76 estabelece:

> O disposto nos arts. 194 a 197, e 202, não prejudicará o direito dos acionistas preferenciais de receber os dividendos fixos ou mínimos a que tenham prioridade, inclusive os atrasados, se cumulativos.

O fundamento desse artigo está na proteção dos direitos patrimoniais das ações preferenciais, isto é, as ações preferenciais devem ser distribuídas logo após a reserva legal (que é a primeira distribuição do lucro obrigatória). Consequentemente, os direitos garantidos às ações preferenciais não poderão ser afetados com:
- a constituição de reservas estatutárias (art. 194);
- a constituição de reservas para contingências (art. 195);
- a retenção de lucros (art. 196);
- a constituição de reserva de lucros a realizar (art. 197);
- a distribuição de dividendo obrigatório (art. 202).

3.15 Cálculos de dividendos de ações ordinárias e apenas uma classe de preferenciais com direito a voto

Esse item apresenta algumas situações que podem ser reguladas na prática pelos estatutos das companhias, nas quais as entidades possuem ações ordinárias e apenas uma classe de dividendo preferencial com direito a voto, admitidas à negociação no Mercado de Valores Mobiliários - MVM ou não, sem, contudo, esgotar todas as possibilidades existentes, já que as possibilidades são ilimitadas, tendo em vista a flexibilidade do § 1º do art. 202 da Lei nº 6.404/76. A composição do capital social nas hipóteses dessa seção é aquela apresentada na Figura 1.47.

3.15.1 Cálculo de dividendos com ações ordinárias (25% LLA) e preferenciais com dividendo fixo

Hipótese I: dividendo preferencial fixo > obrigatório (distribuição superior ao dividendo obrigatório do art. 202)

Nessa hipótese, a entidade estabeleceu em seu estatuto um dividendo obrigatório de 25% do lucro líquido ajustado, sendo que às ações ordinárias caberá um dividendo de 25% do lucro líquido ajustado e às ações preferenciais um dividendo fixo por ação de $ 0,18.

Esta hipótese se originou, na prática, mais em razão de uma interpretação errônea do art. 202 da Lei n.º 6.404/76 de que o dividendo obrigatório se referia somente às ações ordinárias e não a todas as ações da empresa.

Inicialmente, deve-se calcular o dividendo obrigatório, pois nenhuma ação preferencial da empresa poderá receber um dividendo por ação inferior ao obrigatório. A Figura 1.65 apresenta o cálculo do dividendo obrigatório dessa hipótese.

(+) Lucro líquido do exercício	11.200
(–) Prejuízos acumulados	(5.940)
(–) Reserva Legal (constituída)	(560)
(–) Reserva de Contingência (constituída)	(2.000)
(+) Reversão Reserva de contingência	800
(=) Lucro Líquido Ajustado antes da RLR	3.500
x 25%	875
(–) Reserva de lucros a realizar (constituída)	(0)
(+) Realização Reserva de Lucros a Realizar	525
(=) Dividendo obrigatório	1.400
1.400 ÷ 9.000 (número total de ações em circulação)	
Dividendo obrigatório por ação	0,1556

Figura 1.65 Cálculo do dividendo obrigatório na hipótese I

O cálculo do dividendo das ações ordinárias nessa hipótese é o apresentado na Figura 1.66.

(+) Lucro líquido do exercício	11.200
(–) Prejuízos acumulados	(5.940)
(–) Reserva Legal (constituída)	(560)
(–) Reserva de Contingência (constituída)	(2.000)
(+) Reversão Reserva de contingência	800
(=) Lucro Líquido Ajustado antes da RLR	3.<u>500</u>
x 25%	<u>875</u>
(–) Reserva de lucros a realizar (constituída)	(0)
(+) Realização Reserva de Lucros a Realizar	525
(=) Dividendo ordinário	<u>1.400</u>
1.400 ÷ 7.000 (número total de ações ordinárias em circulação)	
Dividendo ordinário por ação	0,2000

Figura 1.66 Cálculo do dividendo de ação ordinária na hipótese I

É importante destacar na Figura 1.66 que, embora o valor nominal do dividendo de ação ordinária seja igual ao do dividendo obrigatório de $ 1.400, seu valor por ação de $ 0,2000 é diferente do valor do dividendo obrigatório por ação de $ 0,1556, pois para encontrar-se o valor do dividendo de ação ordinária por ação deve-se dividir o valor do dividendo pelo número de ações ordinárias em circulação, ou seja, $1.400 / 7.000.

O valor do dividendo fixo nessa hipótese é de $ 0,18 por ação, pois o valor definido pelo estatuto é superior ao dividendo obrigatório por ação de $ 0,1556; observa-se ainda que no caso de dividendos preferenciais fixos não há necessidade de comparação com o valor pago às ações ordinárias, pois ele não tem assegurado o direito de participar da distribuição de lucros em igualdade de condições com as ações ordinárias.

A Figura 1.67 apresenta o cálculo do dividendo preferencial fixo dessa hipótese.

Dividendo obrigatório por ação	$ 0,1528
Dividendo ordinário por ação	$ 0,1964
Dividendo estatutário por ação	$ 0,1800
Dividendo preferencial fixo	= 2.000 x 0,1800 = <u>360</u>

Figura 1.67 Cálculo do dividendo preferencial fixo na hipótese I

3.15.2 Cálculo de dividendos com ações ordinárias (estatuto omisso) e preferenciais com dividendo fixo

Hipótese II: dividendo preferencial fixo > obrigatório (distribuição superior ao dividendo obrigatório do art. 202)

Nessa hipótese, a entidade não estabeleceu em seu estatuto um dividendo obrigatório, o que implica dizer que ele passa a ser de 50% do lucro líquido ajustado; às ações ordinárias caberá um dividendo 50% do lucro líquido ajustado e às ações preferenciais um dividendo fixo por ação de $ 0,18.

Inicialmente, deve-se calcular o dividendo obrigatório, pois nenhuma ação preferencial da empresa poderá receber um dividendo por ação inferior ao obrigatório. A Figura 1.68 apresenta o cálculo do dividendo obrigatório dessa hipótese.

(+) Lucro líquido do exercício	10.200
(–) Prejuízos acumulados	(2.200)
(–) Reserva Legal (constituída)	(650)
(–) Reserva de Contingência (constituída)	(3.050)
(+) Reversão Reserva de contingência	700
(=) Lucro Líquido Ajustado antes da RLR	<u>5.000</u>
x 50%	2.500
(–) Reserva de lucros a realizar (constituída)	(1.500)
(+) Realização Reserva de Lucros a Realizar	520
(=) Dividendo obrigatório	<u>1.520</u>
1.520 ÷ 9.000 (número total de ações em circulação)	
Dividendo obrigatório por ação	0,1689

Figura 1.68 Cálculo do dividendo obrigatório na hipótese II

O cálculo do dividendo das ações ordinárias nessa hipótese é o apresentado na Figura 1.69.

(+) Lucro líquido do exercício	10.200
(–) Prejuízos acumulados	(2.200)
(–) Reserva Legal (constituída)	(650)
(–) Reserva de Contingência (constituída)	(3.050)
(+) Reversão Reserva de contingência	700
(=) Lucro Líquido Ajustado antes da RLR	<u>5.000</u>
x 50%	2.500
(–) Reserva de lucros a realizar (constituída)	(1.500)
(+) Realização Reserva de Lucros a Realizar	520
(=) Dividendo ordinário	<u>1.520</u>

1.520 ÷ 7.000 (número total de ações ordinárias em circulação)

Dividendo ordinário por ação 0,2171

Figura 1.69 Cálculo do dividendo de ação ordinária na hipótese II

É importante destacar na Figura 1.69 que, embora o valor nominal do dividendo de ação ordinária seja igual ao do dividendo obrigatório de $ 1.520, seu valor por ação de $ 0,2171 é diferente do valor do dividendo obrigatório por ação de $ 0,1689, pois, para encontrar o valor do dividendo de ação ordinária por ação, deve-se dividir o valor do dividendo pelo número de ações ordinárias em circulação, ou seja, $1.520 / 7.000.

O valor do dividendo fixo nessa hipótese é de $ 0,18 por ação, pois o valor definido pelo estatuto é superior ao dividendo obrigatório por ação de $ 0,1689. Observa-se, ainda, que, no caso de dividendos preferenciais fixos, não há necessidade de comparação com o valor pago às ações ordinárias, pois ele não tem assegurado o direito de participar da distribuição de lucros em igualdade de condições com as ações ordinárias.

A Figura 1.70 apresenta o cálculo do dividendo preferencial fixo dessa hipótese.

Dividendo obrigatório por ação	$ 0,1689
Dividendo ordinário por ação	$ 0,2171
Dividendo estatutário por ação	$ 0,1800
Dividendo preferencial fixo = 2.000 x 0,1800 = <u>360</u>	

Figura 1.70 Cálculo do dividendo preferencial fixo na hipótese II

3.15.3 Cálculo de dividendos com ações ordinárias (25% do LLA) e preferenciais com dividendo mínimo

Hipótese III: dividendo ordinário > preferencial mínimo estatutário > obrigatório (distribuição superior ao dividendo obrigatório do art. 202)

Nessa hipótese, a entidade estabeleceu em seu estatuto um dividendo obrigatório de 25% do lucro líquido ajustado; às ações ordinárias caberá um dividendo de 25% do lucro líquido ajustado e às ações preferenciais um dividendo mínimo por ação de $ 0,18.

Conforme visto anteriormente, esta hipótese originou-se, na prática, mais em função de uma interpretação errônea do art. 202 da Lei n.º 6.404/76, entendendo que ele se referia somente às ações ordinárias e não a todas as ações da empresa.

Inicialmente, deve-se calcular o dividendo obrigatório, pois nenhuma ação preferencial da empresa poderá receber um dividendo por ação inferior ao obrigatório. A Figura 1.71 apresenta o cálculo do dividendo obrigatório dessa hipótese.

(+) Lucro líquido do exercício	11.200
(–) Prejuízos acumulados	(5.940)
(–) Reserva Legal (constituída)	(560)
(–) Reserva de Contingência (constituida)	(2.000)
(+) Reversão Reserva de contingência	800
(=) Lucro Líquido Ajustado antes da RLR	3.500
x 25%	875
(–) Reserva de lucros a realizar (constituída)	(0)
(+) Realização Reserva de Lucros a Realizar	525
(=) Dividendo obrigatório	1.400
1.400 ÷ 9.000 (número total de ações em circulação)	
Dividendo obrigatório por ação	0,1556

Figura 1.71 Cálculo do dividendo obrigatório na hipótese III

O cálculo do dividendo das ações ordinárias, nessa hipótese, é o apresentado na Figura 1.72.

(+) Lucro líquido do exercício	11.200
(–) Prejuízos acumulados	(5.940)
(–) Reserva Legal (constituída)	(560)
(–) Reserva de Contingência (constituída)	(2.000)
(+) Reversão Reserva de contingência	800
(=) Lucro Líquido Ajustado antes da RLR	3.<u>500</u>
x 25%	<u>875</u>
(–) Reserva de lucros a realizar (constituída)	(0)
(+) Realização Reserva de Lucros a Realizar	525
(=) Dividendo ordinário	<u>1.400</u>

1.400 ÷ 7.000 (número total de ações ordinárias em circulação)

Dividendo ordinário por ação 0,2000

Figura 1.72 Cálculo do dividendo de ação ordinária na hipótese III

É importante destacar na Figura 1.72 que, embora o valor nominal do dividendo de ação ordinária seja igual ao do dividendo obrigatório de $ 1.400, seu valor por ação de $ 0,2000 é diferente do valor do dividendo obrigatório por ação de $ 0,1556, pois, para encontrar o valor do dividendo de ação ordinária por ação, deve-se dividir o valor do dividendo pelo número de ações ordinárias em circulação, ou seja, $ 1.400 / 7.000.

O valor do dividendo mínimo nessa hipótese é de $ 0,2000 por ação, pois o valor pago para as ações ordinárias é maior que o dividendo estatutário de $ 0,1800 e o dividendo obrigatório por ação de $ 0,1556; no caso de dividendos preferenciais mínimos, há necessidade de comparação com o valor pago às ações ordinárias, pois ele tem assegurado o direito de participar da distribuição de lucros em igualdade de condições com as ações ordinárias.

A Figura 1.73 apresenta o cálculo do dividendo preferencial mínimo dessa hipótese.

Dividendo obrigatório por ação	$ 0,1556
Dividendo ordinário por ação	$ 0,2000
Dividendo estatutário por ação	$ 0,1800
Dividendo preferencial mínimo = 2.000 x 0,1964 = <u>393</u>	

Figura 1.73 Cálculo do dividendo preferencial mínimo na hipótese III

3.15.4 Cálculo de dividendos com ações ordinárias (estatuto omisso) e preferenciais com dividendo mínimo

Hipótese IV: dividendo ordinário > preferencial mínimo estatutário > obrigatório (distribuição superior ao dividendo obrigatório do art. 202)

Nessa hipótese, a entidade não estabeleceu em seu estatuto um dividendo obrigatório (estatuto omisso), o que implica dizer que o mesmo passa a ser de 50% do lucro líquido ajustado; às ações ordinárias caberá um dividendo de 50% do lucro líquido ajustado e às ações preferenciais um dividendo mínimo por ação de $ 0,18.

Inicialmente, deve-se calcular o dividendo obrigatório, pois nenhuma ação preferencial da empresa poderá receber um dividendo por ação inferior ao obrigatório. A Figrura 1.74 apresenta o cálculo do dividendo obrigatório dessa hipótese.

(+) Lucro líquido do exercício	10.200
(–) Prejuízos acumulados	(2.200)
(–) Reserva Legal (constituída)	(650)
(–) Reserva de Contingência (constituída)	(3.050)
(+) Reversão Reserva de contingência	700
(=) Lucro Líquido Ajustado antes da RLR	5.000
x 50%	2.500
(–) Reserva de lucros a realizar (constituída)	(1.500)
(+) Realização Reserva de Lucros a Realizar	520
(=) Dividendo obrigatório	1.520
1.520 ÷ 9.000 (número total de ações em circulação)	
Dividendo obrigatório por ação	0,1689

Figrura 1.74 Cálculo do dividendo obrigatório na hipótese IV

O cálculo do dividendo das ações ordinárias nessa hipótese é o apresentado na Figura 1.75.

(+) Lucro líquido do exercício	10.200
(–) Prejuízos acumulados	(2.200)
(–) Reserva Legal (constituída)	(650)
(–) Reserva de Contingência (constituída)	(3.050)
(+) Reversão Reserva de contingência	700
(=) Lucro Líquido Ajustado antes da RLR	<u>5.000</u>
x 50%	2.500
(–) Reserva de lucros a realizar (constituída)	(1.500)
(+) Realização Reserva de Lucros a Realizar	520
(=) Dividendo ordinário	<u>1.520</u>

1.520 ÷ 7.000 (número total de ações ordinárias em circulação)

Dividendo ordinário por ação 0,2171

Figura 1.75 Cálculo do dividendo de ação ordinária na hipótese IV

O valor do dividendo mínimo nessa hipótese é de $ 0,2171 por ação, pois o valor pago para as ações ordinárias é superior ao dividendo estatutário de $ 0,1800 e ao dividendo obrigatório por ação de $ 0,1689, já que no caso de dividendo preferencial mínimo há necessidade de comparação com o valor pago às ações ordinárias, pois ele tem assegurado o direito de participar da distribuição de lucros em igualdade de condições com as ações ordinárias.

A Figura 1.76 apresenta o cálculo do dividendo preferencial mínimo dessa hipótese.

Dividendo obrigatório por ação	$ 0,1689
Dividendo ordinário por ação	$ 0,2171
Dividendo estatutário por ação	$ 0,1800
Dividendo preferencial mínimo = 2.000 x 0,2171 = <u>434</u>	

Figura 1.76 Cálculo do dividendo preferencial mínimo na hipótese IV

3.16 Cálculos de dividendos de ações ordinárias e duas classes de ações preferenciais com direito a voto

Este item apresenta uma série de situações que podem ser reguladas na prática pelos estatutos das companhias, em que as entidades possuem ações ordinárias e duas classes de dividendo preferencial com direito a voto. O dividendo preferencial classe A é fixo e o de classe B é mínimo, admitidos à negociação no MVM ou não.

A composição do capital social nas hipóteses desta seção é a apresentada na Figura 1.77.

Número de Ações (Estatuto)	
Ações Ordinárias	6.000 ações
Ações Preferenciais classe A (fixo)	2.000 ações
Ações Preferenciais classe B (mínimo)	2.000 ações
Ações Ordinárias a Integralizar	(1.000) ações
Total	10.000 ações

Figura 1.77 Composição do capital social

3.16.1 Cálculo de dividendos com ações ordinárias (25% LLA) e preferenciais com dividendo fixo e mínimo

Hipótese V: dividendo preferencial fixo > preferencial mínimo > obrigatório (distribuição limitada ao dividendo obrigatório do art. 202)

Nessa hipótese, a entidade estabeleceu em seu estatuto um dividendo obrigatório de 25% do lucro líquido ajustado que será pago a todas as ações da entidade; inicialmente será pago o dividendo fixo de $ 0,18 para as ações preferenciais de classe A; logo após, será pago um dividendo mínimo de $ 0,17 para as ações preferenciais de classe B, e o restante do total será devido às ações ordinárias.

Inicialmente, deve-se calcular o dividendo obrigatório, pois nenhuma ação preferencial da empresa poderá receber um dividendo por ação inferior ao obrigatório. A Figura 1.78 apresenta o cálculo do dividendo obrigatório dessa hipótese.

(+) Lucro líquido do exercício	11.200
(–) Prejuízos acumulados	(5.940)
(–) Reserva Legal (constituída)	(560)
(–) Reserva de Contingência (constituída)	(2.000)
(+) Reversão Reserva de contingência	800
(=) Lucro Líquido Ajustado antes da RLR	3.500
x 25%	875
(–) Reserva de lucros a realizar (constituída)	(0)
(+) Realização Reserva de Lucros a Realizar	525
(=) Dividendo obrigatório	1.400
1.400 ÷ 9.000 (número total de ações em circulação)	
Dividendo obrigatório por ação	0,1556

Figura 1.78 Cálculo do dividendo obrigatório na hipótese V

O cálculo preliminar do dividendo das ações ordinárias, nessa hipótese, é o apresentado na Figura 1.79.

(+) Dividendo obrigatório		1.400
(-) Dividendo preferencial fixo	= 2.000 x 0,1800 =	360
(-) Dividendo preferencial mínimo	= 2.000 x 0,1700 =	<u>340</u>
Dividendo ordinário		700
700 ÷ 5.000 (número total de ações ordinárias em circulação)		
Dividendo ordinário por ação (preliminar)		0,1400

Figura 1.79 Cálculo preliminar do dividendo de ação ordinária na hipótese V

Observe que, nessa hipótese, o dividendo de ação ordinária é inferior ao dividendo obrigatório, representando efetiva vantagem econômica das preferenciais em relação às ordinárias. Nesse caso, o dividendo de ações ordinárias passa a ser definitivo no valor de $ 0,1400 por ação.

Com base nos cálculos anteriores, a Figura 1.80 apresenta o valor dos dividendos de ações preferenciais classes A e B e de ações ordinárias por ação dessa hipótese.

Dividendo obrigatório	$ 0,1556 por ação
Dividendo preferencial fixo	$ 0,1800 por ação
Dividendo preferencial mínimo	$ 0,1700 por ação
Dividendo ordinário	$ 0,1400 por ação

Figura 1.80 Valor dos dividendos por ação na hipótese V

3.16.2 Cálculo de dividendos com ações ordinárias (estatuto omisso) e preferenciais com dividendo fixo e mínimo

Hipótese VI: dividendo preferencial fixo > preferencial mínimo > obrigatório (distribuição limitada ao dividendo obrigatório do art. 202)

Nessa hipótese, a entidade não estabeleceu em seu estatuto um dividendo obrigatório (estatuto omisso) que, em função disso, passa a ser de 50% do lucro líquido ajustado e será pago a todas as ações da entidade; inicialmente, será pago o dividendo fixo de $ 0,19 para as ações preferenciais de classe A; logo após, será pago um dividendo mínimo de $ 0,18 para as ações preferenciais de classe B e o restante do total será devido às ações ordinárias.

Inicialmente, deve-se calcular o dividendo obrigatório, pois nenhuma ação preferencial da empresa poderá receber um dividendo por ação inferior ao obrigatório. A Figura 1.81 apresenta o cálculo do dividendo obrigatório dessa hipótese.

(+) Lucro líquido do exercício	10.200
(–) Prejuízos acumulados	(2.200)
(–) Reserva Legal (constituída)	(650)
(–) Reserva de Contingência (constituída)	(3.050)
(+) Reversão Reserva de contingência	700
(=) Lucro Líquido Ajustado antes da RLR	<u>5.000</u>
x 50%	2.500
(–) Reserva de lucros a realizar (constituída)	(1.500)
(+) Realização Reserva de Lucros a Realizar	520
(=) Dividendo obrigatório	<u>1.520</u>
1.520 ÷ 9.000 (número total de ações em circulação)	
Dividendo obrigatório por ação	0,1689

Figura 1.81 Cálculo do dividendo obrigatório na hipótese VI

O cálculo preliminar do dividendo das ações ordinárias nessa hipótese é o apresentado na Figura 1.82.

(+) Dividendo obrigatório		1.520
(-) Dividendo preferencial fixo	= 2.000 x 0,1900 =	380
(-) Dividendo preferencial mínimo	= 2.000 x 0,1800 =	<u>360</u>
Dividendo ordinário.		780
780 ÷ 5.000 (número total de ações ordinárias em circulação)		
Dividendo ordinário por ação (preliminar)		0,1560

Figura 1.82 Cálculo preliminar do dividendo de ação ordinária na hipótese VI

Observe que, nessa hipótese, o dividendo de ação ordinária é inferior ao dividendo obrigatório, representando efetiva vantagem econômica das preferenciais em relação às ordinárias.

Com base nos cálculos anteriores, a Figura 1.83 apresenta o valor dos dividendos de ações preferenciais classes A e B e de ações ordinárias por ação dessa hipótese.

Dividendo obrigatório	$ 0,1689 por ação
Dividendo preferencial fixo	$ 0,1900 por ação
Dividendo preferencial mínimo	$ 0,1800 por ação
Dividendo ordinário	$ 0,1560 por ação

Figura 1.83 Valor dos dividendos por ação na hipótese VI

3.17 Cálculos de dividendos de ações ordinárias e uma classe de ações preferenciais sem direito a voto admitidas à negociação no MVM

Este item apresenta hipóteses baseadas na nova redação dada ao § 1º do art. 17 da Lei nº 6.404/76 alterado pela Lei nº 10.303/01 que podem ser reguladas, na prática, pelos estatutos das companhias, em que as entidades possuem ações ordinárias e uma classe de dividendo preferencial mínimo sem direito a voto, admitidas à negociação no Mercado de Valores Mobiliários (MVM).

Segundo Carvalhosa (2002, p. 92), todos os privilégios relacionados no § 1º do art. 17 da Lei nº 6.404/76 com redação dada pela Lei nº 10.303/01, dizem respeito a dividendos preferenciais mínimos; logo, não será possível negociar, no Mercado de Valores Mobiliários, ações com dividendos fixos, já que nenhum dos itens possui natureza de dividendo fixo nem é com ele compatível ou cumulável. Caso as ações preferenciais não fossem negociadas no MVM, os cálculos seriam os mesmos apresentados nas hipóteses das seções anteriores.

O § 1º do art. 17 da Lei nº 6.404/76 com redação dada pela Lei nº 10.303/01, determina que as ações preferenciais sem direito de voto ou com restrição ao exercício desse direito somente serão admitidas à negociação no MVM se gozarem de uma vantagem efetiva em relação às ordinárias, ou seja, se a elas for atribuído pelo menos *um* dos seguintes privilégios:

• o dividendo a ser distribuído deve ser definido no estatuto da companhia em, no mínimo, 25% do lucro líquido ajustado; desse montante a ação deve ter assegurado um dividendo prioritário de no mínimo 3% do valor do patrimônio líquido contábil da ação e, além disso, direito de participar do eventual saldo de lucros (lucros remanescentes) em igualdade com as ações ordinárias;

• direito ao recebimento de dividendo por ação pelo menos 10% maior do que o atribuído às ações ordinárias;

• direito ao recebimento de dividendo pelo menos igual ao das ações ordinárias e o direito de serem incluídas na oferta pública de alienação de controle em igualdade de condições com as ações com direito a voto não integrantes do bloco de controle.

A composição do capital social nas hipóteses dessa seção é a apresentada na Figura 1.84.

Número de Ações (Estatuto)	
Ações Ordinárias	8.000 ações
Ações Preferenciais com dividendo mínimo	2.000 ações
Ações Ordinárias a Integralizar	(1.000) ações
Total	10.000 ações

Figura 1.84 Composição do capital social

3.17.1 Cálculo de dividendos nos termos do inciso I do art.17, § 1º, com dividendo obrigatório de 25% do LLA

Hipótese VII: 3% do patrimônio líquido > dividendo obrigatório (distribuição limitada ao dividendo obrigatório do art. 202)

Nessa hipótese, a entidade estabeleceu em seu estatuto um dividendo obrigatório de 25% do lucro líquido ajustado que será pago a todas as ações da entidade; às ações ordinárias e às preferenciais será pago, um dividendo mínimo de 3% do patrimônio líquido; além disso, as ações preferenciais têm o direito de participar do eventual saldo de lucros (lucros remanescentes) em igualdade com as ações ordinárias.

Sabendo-se que o patrimônio líquido da companhia, nessa hipótese, é de $ 50.400, tem-se, inicialmente, que os valores do dividendo de ação preferencial mínimo, de ações ordinárias e de patrimônio líquido por ação são os apresentados na Figura 1.85.

Valor de patrimônio líquido por ação	= 50.400 / 9.000 = 5,6000
Valor do dividendo preferencial mínimo por ação	= 5,6 x 0,03 = 0,1680
Valor do dividendo ordinário por ação	= 5,6 x 0,03 = 0,1680

Figura 1.85 Valor dos dividendos por ação na hipótese VII

A Figura 1.86 apresenta o cálculo do dividendo obrigatório dessa hipótese.

(+) Lucro líquido do exercício	11.200
(–) Prejuízos acumulados	(5.940)
(–) Reserva Legal (constituída)	(560)
(–) Reserva de Contingência (constituída)	(2.000)
(+) Reversão Reserva de contingência	800
(=) Lucro Líquido Ajustado antes da RLR	3.500
x 25%	875
(–) Reserva de lucros a realizar (constituída)	(0)
(+) Realização Reserva de Lucros a Realizar	525
(=) Dividendo obrigatório	1.400
1.400 ÷ 9.000 (número total de ações em circulação)	
Dividendo obrigatório por ação	0,1556

Figura 1.86 Cálculo do dividendo obrigatório na hipótese VII

Inicialmente, os valores dos dividendos mínimos e ordinários, nessa hipótese, são os apresentados na Figura 1.87.

Dividendo preferencial mínimo	= 2.000 x 0,1680 = 336
Dividendo ordinário	= 7.000 x 0,168 = 1.176
Total:	**1.512**

Figura 1.87 Cálculo do dividendo preferencial fixo na hipótese VII

Contudo, nessa hipótese, não será possível efetuar um pagamento às ações ordinárias idêntico ao das preferenciais, pois isso implicaria um valor superior ao do dividendo obrigatório, conforme se verifica na Figura 1.87; consequentemente, o cálculo do dividendo das ações ordinárias dessa hipótese é o apresentado na Figura 1.88.

(+) Dividendo obrigatório	1.400
(-) Dividendo preferencial mínimo	(336)
(=) Dividendo ordinário	<u>1.064</u>

1.064 ÷ 7.000 (número total de ações ordinárias em circulação)

Dividendo ordinário por ação   0,1520

Figura 1.88 Cálculo do dividendo de ação ordinária na hipótese VII

Com base nos cálculos anteriores, a Figura 1.89 apresenta o valor dos dividendos de ações preferenciais mínimo e de ações ordinárias por ação dessa hipótese.

Dividendo obrigatório	$ 0,1556 por ação
Dividendo preferencial mínimo	$ 0,1680 por ação
Dividendo ordinário	$ 0,1520 por ação

Figura 1.89 Valor dos dividendos por ação na hipótese VII

3.17.2 Cálculo de dividendos nos termos do inciso II do art.17, § 1º, com dividendo obrigatório de 25% do LLA

Hipótese VIII: dividendo mínimo 10% maior que o das ordinárias (distribuição limitada ao dividendo obrigatório do art. 202)

Nessa hipótese, a entidade estabeleceu em seu estatuto um dividendo obrigatório de 25% do lucro líquido ajustado que será pago a todas as ações da entidade; as ações preferenciais com dividendo mínimo têm direito ao recebimento de dividendo por ação pelo menos 10% maior do que o atribuído às ações ordinárias.

Inicialmente, deve-se calcular o dividendo obrigatório. A Figura 1.90 apresenta o cálculo do dividendo obrigatório dessa hipótese.

(+) Lucro líquido do exercício	11.200
(–) Prejuízos acumulados	(5.940)
(–) Reserva Legal (constituída)	(560)
(–) Reserva de Contingência (constituída)	(2.000)
(+) Reversão Reserva de contingência	800
(=) Lucro Líquido Ajustado antes da RLR	3.500
x 25%	875
(–) Reserva de lucros a realizar (constituída)	(0)
(+) Realização Reserva de Lucros a Realizar	525
(=) Dividendo obrigatório	1.400

1.400 ÷ 9.000 (número total de ações em circulação)

Dividendo obrigatório por ação 0,1556

Figura 1.90 Cálculo do dividendo obrigatório na hipótese VIII

Para calcular os dividendos de ação ordinária e preferencial mínimos, nessa hipótese, devem-se utilizar as fórmulas apresentadas na Figura 1.91.

Dividendo ordinário por ação = $\dfrac{\text{dividendo obrigatório}}{\text{n.}^{\text{o}}\text{ ações ordinárias} + 1{,}1 \times \text{N}^{\text{o}}\text{ ações preferenciais}}$

Dividendo preferencial por ação = 1,1 x dividendo ordinário por ação

Figura 1.91 Fórmulas de cálculo dos dividendos da hipótese VIII

A Figura 1.92 apresenta o cálculo dos valores dos dividendos mínimos e ordinários por ação dessa hipótese.

Dividendo ordinário	= 1.400 / (7.000+ 2.200) = 0,1522
Dividendo preferencial mínimo	= 1,1 x 0,1522 = 0,1674

Figura 1.92 Cálculo do dividendo por ação da hipótese VIII

A Figura 1.93 apresenta o cálculo dos valores dos dividendos de ações ordinárias e preferenciais mínimos.

Dividendo preferencial mínimo	= 2.000 x 0,1674 = 335
Dividendo ordinário	= 7.000 x 0,1522 = 1.065
Total:	1.400

Figura 1.93 Cálculo do dividendo de ação ordinária na hipótese VIII

Ademais, cabe destacar que o dividendo estabelecido com base no inciso III do § 1º do art.17 da Lei nº 6.404/76 alterado pela Lei nº 10.303/01 não garante às ações preferenciais nenhuma vantagem pecuniária no que tange ao recebimento de dividendos, já que estes serão iguais aos ordinários.

No entanto, do ponto de vista prático, quando ocorre uma alienação do controle societário o comprador, geralmente, está mais interessado em adquirir apenas mais da metade das ações votantes; dessa forma, essa prerrogativa, de serem incluídas na oferta pública de alienação de controle (tendo assegurado receber o preço no mínimo igual a 80% (oitenta por cento) do valor pago por ação com direito a voto, integrante do bloco de controle), para as ações preferenciais dessa classe, pode ser interessante para o seu detentor.

3.18 Tratamento contábil para pequenas e médias empresas

Os conceitos societários apresentados referentes aos dividendos são também aplicáveis às entidades de pequeno e médio porte. No entanto, esse assunto não é tratado diretamente no pronunciamento técnico PME.

REFERÊNCIAS

ALMEIDA, Marcelo Cavalcanti. **Contabilidade avançada**: de acordo com as novas exigências do MEC para o curso de Ciências Contábeis: textos, exemplos e exercícios resolvidos. São Paulo: Atlas, 1997.

ANDRADE, Guy Almeida. A universalização da linguagem contábil. **Revista Brasileira de Contabilidade**, Brasília, n. 135, p. 17-21, maio/jun. 2002.

ASSOCIAÇÃO BRASILEIRA DE NORMAS TÉCNICAS. **NBR 10520**: informação e documentação - apresentação de citações em documentos. Rio de Janeiro: ABNT, 2001.

ASSOCIAÇÃO BRASILEIRA DE NORMAS TÉCNICAS. **NBR 14724**: informação e documentação - trabalhos acadêmicos - apresentação. Rio de Janeiro: ABNT, 2001.

BASSO, Maristela. **Joint ventures**: manual prático das associações empresariais. Porto Alegre: Livraria do Advogado, 1998.

BEAMS, Floyd A. **Advanced accounting**. 6.ed. New Jersey: Prentice-Hall, 1996.

BOLSA DE VALORES DO ESTADO DE SÃO PAULO: **Novo Mercado**. Disponível em: <www.bovespa.com.br> Acesso em: 28 nov. 2002.

BRAGA, Hugo Rocha. A nova lei das S.A exigirá transparência na Contabilidade. **Mensário Brasileiro de Contabilidade**, Rio de Janeiro, n. 86, p. 2, mar./abr. 2002.

BRASIL. **Lei das sociedades por ações**: Lei nº 6.404, de 15 de dezembro de 1976, alterada pela Lei nº 9.457, de 05 de maio de 1997. 26.ed. São Paulo: Atlas, 1998.

BRASIL. Lei nº 10.303, de 31 de outubro de 2001. Altera e acrescenta dispositivos na Lei nº 6.404 de 15 de dezembro de 1976 e na Lei n.º 6.385, de 7 de dezembro de 1976. **Diário Oficial da União**, Brasília, DF, 01 nov. 2001.

BRASIL. Lei nº 10.637, de 30 de dezembro de 2002. Dispõe sobre a não cumulatividade na cobrança da contribuição para os programas de Integração Social (PIS) e de formação do Patrimônio do Servidor Público (PASEP), nos casos que especifica: sobre o pagamento e o parcelamento de débitos tributários federais, a compensação de créditos fiscais, a declaração de inaptidão de inscrições de pessoas jurídicas, a legislação aduaneira, e dá outras providências. **Diário Oficial da União**, Brasília, DF, 31 dez. 2002.

BRASIL. Lei n.º 12.973, de 14 de maio de 2014. Altera a legislação tributária federal relativa ao Imposto sobre a Renda das Pessoas Jurídicas (IRPJ), à Contribuição Social sobre o Lucro Líquido (CSLL), à Contribuição para o PIS/Pasep e à Contribuição para o Financiamento da Seguridade Social (Cofins); revoga o Regime Tributário de Transição (RTT). **Diário Oficial da República Federativa do Brasil**, Brasília, 2014.

BRASIL. **Deliberação CVM n.º 557, de 12 de novembro de 2008**. Aprova pronunciamento técnico CPC 09 do Comitê de pronunciamentos contábeis, que trata da demonstração do valor adicionado, 2008.

BRASIL. **Deliberação CVM n.º 640, de 07 de outubro de 2010**. Aprova pronunciamento técnico CPC 02(R2) do Comitê de pronunciamentos contábeis, que trata de efeitos das mudanças nas taxas de câmbio e conversão de demonstrações contábeis, 2010.

BRASIL. **Deliberação CVM n.º 642, de 07 de outubro de 2010**. Aprova pronunciamento técnico CPC 05(R1) do Comitê de pronunciamentos contábeis, que trata da divulgação de partes relacionadas, 2010.

BRASIL. **Deliberação CVM n.º 665, de 04 de agosto de 2011**. Aprova pronunciamento técnico CPC 15(R1) do Comitê de pronunciamentos contábeis, que trata de combinação de negócios, 2011.

BRASIL. **Deliberação CVM n.º 666, de 04 de agosto de 2011**. Aprova pronunciamento técnico CPC 19(R1) do Comitê de pronunciamentos contábeis, que trata de demonstrações consolidadas, 2011.

BRASIL. **Deliberação CVM n.º 667, de 04 de agosto de 2011**. Aprova pronunciamento técnico CPC 35(R1) do Comitê de pronunciamentos contábeis, de demonstrações separadas, 2011.

BRASIL. **Deliberação CVM n.º 683, de 30 de agosto de 2012**. Aprova a Interpretação Técnica ICPC 08(R1) do Comitê de Pronunciamentos Contábeis, que trata da contabilização da proposta de pagamento de dividendos, 2012.

BRASIL. **Deliberação CVM n.º 687, de 04 de outubro de 2012**. Aprova interpretação técnica ICPC 09(R1) do Comitê de pronunciamentos contábeis, que trata de demonstrações contábeis individuais, demonstrações separadas, demonstrações consolidadas e aplicação do método da equivalência patrimonial, 2012.

BRASIL. **Deliberação CVM n.º 694, de 23 de novembro de 2012**. Aprova pronunciamento técnico CPC 19(R2) do Comitê de pronunciamentos contábeis, que trata de demonstrações consolidadas, 2012.

BRASIL. **Deliberação CVM n.º 676, de 13 de dezembro de 2012**. Aprova pronunciamento técnico CPC 26(R1) do Comitê de pronunciamentos contábeis, que trata da apresentação das demonstrações contábeis, 2012.

BRASIL. **Deliberação CVM n.º 696, de 13 de dezembro de 2012**. Aprova pronunciamento técnico CPC 18(R2) do Comitê de pronunciamentos contábeis, que trata de investimento em coligada e em controlada, 2012.

BRASIL. **Deliberação CVM n.º 698, de 20 de dezembro de 2012**. Aprova pronunciamento técnico CPC 36(R3) do Comitê de pronunciamentos contábeis, que trata de investimento em empreendimento conjunto, 2012.

BRASIL. **Deliberação CVM n.º 718, de 17 de dezembro de 2013**. Aprova documento de revisão de pronunciamentos técnicos nº 3 referentes aos Pronunciamentos CPC 01 (R1), CPC 02 (R2), CPC 03 (R2), CPC 04 (R1), CPC 05 (R1), CPC 06 (R1), CPC 07 (R1), CPC 10 (R1), CPC 11, CPC 15 (R1), CPC 16, CPC 19 (R2), CPC 21 (R1), CPC 23, CPC 24, CPC 26 (R1), CPC 27, CPC 28, CPC 29, CPC 31, CPC 32, CPC 36 (R3), CPC 37 (R1), CPC 38, CPC 39 e CPC 41 emitidos pelo Comitê de Pronunciamentos Contábeis, 2013.

BRASIL. **Deliberação CVM n.º 723, de 14 de agosto de 2014**. Aprova o Documento de Revisão de Pronunciamentos Técnicos nº 04 referente aos Pronunciamentos CPC 03 (R2), CPC 05 (R1), CPC 15 (R1), CPC 21 (R1), CPC 31, CPC 32, CPC 35 (R2), CPC 36 (R3), CPC 37 (R1), CPC 38, CPC 39, CPC 40 (R1) e CPC 45 emitidos pelo Comitê de Pronunciamentos Contábeis, 2014.

BRASIL. **Deliberação CVM n.º 724, de 14 de agosto de 2014**. Aprova o Documento de Revisão de Pronunciamentos Técnicos nº 05 referente aos Pronunciamentos CPC 01 (R1) e CPC 38 emitidos pelo Comitê de Pronunciamentos Contábeis.

BRASIL. **Deliberação CVM n.º 729, de 27 de novembro de 2014**. Aprova interpretação técnica ICPC 09(R2) do Comitê de pronunciamentos contábeis, que trata de demonstrações contábeis individuais, demonstrações separadas, demonstrações consolidadas e aplicação do método da equivalência patrimonial, 2014.

CATLETT, George R; OLSON, Norman O. Accounting for goodwill. **Accounting Research Study**, n. 10, American Institute of Certified Public Accountants, New York, 1968.

CARVALHOSA, Modesto. **Comentários à lei de sociedades anônimas**: Lei nº 6.404, de 15 de dezembro de 1976. São Paulo: Saraiva, 1997. v. 2.

CARVALHOSA, Modesto. **Comentários à lei de sociedades anônimas**: Lei nº 6.404, de 15 de dezembro de 1976. São Paulo: Saraiva, 1997. v. 3.

CARVALHOSA, Modesto. **Comentários à lei de sociedades anônimas**: Lei nº 6.404, de 15 de dezembro de 1976. São Paulo: Saraiva, 1997. v. 4. tomo II.

CERVO, Amado Luiz; BERVIAN, Pedro Alcino. **Metodologia científica**. 4.ed. São Paulo: MaKron Books, 1996.

COELHO, Fábio Ulhoa. **Manual de direito comercial**. São Paulo: Saraiva, 1999.

COLINS COBUILD. **Student´s Dictionary**: Bridge Bilingual Portuguese. London: Harper Collins Publishers, 1995.

COMISSÃO DE VALORES MOBILIÁRIOS. Disponível em <(www.cvm.gov.br>. Acesso em: 18. jul. 2002.

COMISSÃO DE VALORES MOBILIÁRIOS. Instrução nº 247 de 27 de março de 1996. Companhias abertas: Estabelece critérios para avaliação de investimentos em coligadas e controladas e para a elaboração de demonstrações financeiras consolidadas. **Diário Oficial da União**, Brasília, DF, 29 mar. 1996.

COMISSÃO DE VALORES MOBILIÁRIOS. Instrução nº 285, de 31 de julho de 1998. Companhias abertas: Estabelece critérios para amortização de ágio e deságio em investimentos avaliados pelo método de equivalência patrimonial. **Diário Oficial da União**, Brasília, DF, 06 ago. 1998.

CONSELHO REGIONAL DE CONTABILIDADE DO RIO GRANDE DO SUL. **Princípios fundamentais de contabilidade e normas brasileiras de contabilidade**. 17.ed. Porto Alegre: CRC-RS, 2000.

COPELAND, Tom; KOLLER, Tim; MURRIN, Jack. **Avaliação de empresas**. São Paulo: Makron, 2000.

ECO, Umberto. **Como se faz uma tese**. 14.ed. São Paulo: Perspectiva, 1996.

ERNST & YOUNG. IAS/US GAAP **Comparison**: a comparison between IAS and US accounting principles written. United Kingdom: Ernst & Young, 2000

FACHIN, Odília. **Fundamentos de metodologia**. 3.ed. São Paulo: Saraiva, 2001.

FURASTÉ, Pedro Augusto. **Normas Técnicas para o Trabalho Científico**: explicitação das Normas da ABNT. 11.ed. Porto Alegre: [s.n.], 2002.

GIL, Antonio Carlos. **Como elaborar projetos de pesquisa**. 3.ed. São Paulo: Atlas, 1991.

HARIED, Andrew A.; IMDIEKE, Leroy F; SMITH, Ralph F. **Advanced accounting**. 6.ed. New York: Wiley, 1994.

HOYLE, Jonh. **Advanced accounting**. New York: John Wiley & Sons, 1996.

INSTITUTO DOS AUDITORES INDEPENDENTES DO BRASIL. **Normas Internacionais de Contabilidade**. São Paulo: IAIB, 1998.

IUDÍCIBUS, Sérgio de. **Teoria da contabilidade**. 6.ed. São Paulo: Atlas, 2000.

IUDÍCIBUS, Sérgio de; MARTINS, Eliseu; GELBCKE, Ernesto Rubens. **Manual de contabilidade das sociedades por ações**. 5.ed. São Paulo: Atlas, 2000.

IUDÍCIBUS, Sérgio de; MARION, José Carlos. **Introdução à teoria da contabilidade**. São Paulo: Atlas, 1999.

IUDÍCIBUS, Sérgio de. **Contribuição à teoria dos ajustamentos contábeis**. São Paulo: USP, 1966. Tese de Doutorado, FEA/USP, Universidade de São Paulo, 1966.

IUDÍCIBUS, Sérgio de. **Aspectos da Avaliação de Estoques a Preços Correntes**. São Paulo: USP, 1968. Tese de livre docência, FEA/USP, Universidade de São Paulo, 1968.

KAM, Vernom. **Accounting theory**. 2.ed. New York, Jonh Wiley & Sons, 1990.

KIESO, Donald E; WEYGANDT, Jerry J. **Intermediate accounting**. 9.ed. New York: Wiley, 1998.

KÖCHE, José Carlos. **Fundamentos da metodologia científica**: teoria da ciência e prática da pesquisa. 15.ed. Petrópolis, RJ: Vozes, 1999.

KPMG. **Sinopse Contábil 2002**. DPP - Departamento de práticas profissionais, 2002.

LAKATOS, Eva Maria; MARCONI, Marina de Andrade. **Metodologia científica**. 2.ed. São Paulo: Atlas, 2001.

LAKATOS, Eva Maria; MARCONI, Marina de Andrade. **Metodologia do trabalho científico**: procedimentos básicos, pesquisa bibliográfica, projeto e relatório, publicações e trabalhos científicos. 5.ed. São Paulo: Atlas, 2001.

LAKATOS, Eva Maria; MARCONI, Marina de Andrade. **Técnicas de pesquisa**: planejamento e execução de pesquisas, amostragens e técnicas de pesquisas, elaboração, análise e interpretação de dados. 4.ed. São Paulo: Atlas, 1999.

LARSEN, E. Jonh. **Modern advanced accounting**. 7.ed. New York: Irwin McGraw-Hill, 1997.

LITTLETON, A.C.; ZIMMERMAN, V.K. **Accounting theory**: continuity and change. New Jersey: Englewood Cliffs, 1962.

LOCKE, Lawrence F. **Reading and understanding research**: Thousand Oaks: Sage, 1998.

MARD, Michael J. et al. **Valuation for Financial Reporting**: intangible assets, goodwill, and impairment analysis, SFAS 141 and 142. New York: John Wiley & Sons, Inc., 2002.

MARTINS, Eliseu. **Quais investimentos devem ser avaliados pela equivalência patrimonial? Exemplos (II)**. São Paulo: IOB – Informações objetivas. Boletim Temática Contábil e Balanços, nº 35, 2ª semana de Setembro de 1997.

MARTINS, Gilberto de Andrade. **Manual para elaboração de monografias e dissertações**. 2.ed. São Paulo: Atlas, 1994.

MEDEIROS, João Bosco; ANDRADE, Maria Margarida de. **Manual de elaboração de referências bibliográficas**: a nova NBR 6023:2000 da ABNT: exemplos e comentários. São Paulo: Atlas, 2001.

NEVES, Silvério das; VICECONTI, Paulo Eduardo V. **Contabilidade avançada e análise das demonstrações financeiras**. 7.ed. São Paulo: Frase, 1998.

PEIXOTO, Cunha. **Sociedades por ações**. São Paulo: Saraiva, 1973. v. 4.

PEÑA, Enrique Fernandes. **Integración de Balances**. Madrid: Aguilar S.A de Ediciones, 1961.

PINHO, Manoel Orlando de Morais. **Dicionário de termos de negócios**: português-inglês: English-portuguese. 2.ed. São Paulo: Atlas, 1997.

SANTOS, José Luiz dos; SCHMIDT, Paulo. **Contabilidade Societária**: atualizado pela Lei 10.303/01. São Paulo: Atlas, 2002.

SANTOS, José Luiz dos; SCHMIDT, Paulo. **Goodwill adquirido**: estudo comparativo do tratamento contábil entre as normas Brasileiras, Norte-americanas e Internacionais. São Leopoldo: UNISINOS, 2002. Dissertação de Mestrado, Universidade do Vale do Rio dos Sinos, 2002.

SCHMIDT, Paulo. **História do pensamento contábil**. Porto Alegre: Boockman, 2000.
SCHMIDT, Paulo; SANTOS, José Luiz dos. **Avaliação de ativos intangíveis**. São Paulo: Atlas, 2002.

STANDERSKI, Wlademiro. **Consolidação de balanços de empresas nacionais e multinacionais**. São Paulo: Biblioteca Pioneira de Administração e Negócios, 1976.

TEIXEIRA, Maria José. **Consolidação das demonstrações financeiras**: uma visão Nacional e Internacional. São Paulo: PUC/USP: 1999. Dissertação (Mestrado em Ciências Financeiras e Contábeis), Faculdade de Ciências Contábeis e Atuariais, Pontifícia Universidade Católica de São Paulo, 1999.

TRUJILLO, Alfonso Ferrari. **Metodologia da ciência**. 3.ed. Rio de Janeiro: Kennedy, 1974.

VERGARA, Sylvia Constant. **Projetos e relatórios de pesquisa em administração**. 3.ed. São Paulo: Atlas, 2000.

9 786586 780208